Pieschl / Porsch

Schluss mit Cybermobbing!

Stephanie Pieschl / Torsten Porsch

Schluss mit Cybermobbing!

Das Trainings- und
Präventionsprogramm »Surf-Fair«

Mit Film und Materialien auf DVD

BELTZ

Dr. *Stephanie Pieschl*, Dipl.-Psych., arbeitet als Akademische Rätin am Institut für Psychologie der Westfälischen Wilhelms-Universität Münster. Schwerpunkte in Forschung und Lehre: kognitive und metakognitive Prozessen des selbstregulierten Lernens, neue Medien, Mediennutzung und Medienkompetenz von Kindern und Jugendlichen.

Dr. *Torsten Porsch*, Dipl.-Psych., ist wissenschaftlicher Mitarbeiter am Institut für Psychologie der Westfälischen Wilhelms-Universität Münster. Schwerpunkte in Forschung und Lehre: kognitive Prozesse insbesondere bei der Auswahl und Bewertung von Wissensquellen im Internet, Umgang von Kindern und Jugendlichen mit modernen Kommunikations- und Interaktionsmedien, Cyberbullying, Prävention von sexueller Belästigung im Internet.

Lektorat: Jürgen Hahnemann

www.beltz.de
Herstellung und Satz: Markus Schmitz, Altenberge
Druck: Beltz Druckpartner GmbH & Co. KG, Hemsbach
Umschlaggestaltung: glas ag, Seeheim-Jugenheim
Umschlagabbildung: © helix/Fotolia.com (Junge), © EldinChaos/Fotolia.com (Hintergrund)
Printed in Germany

ISBN 978-3-407-62776-6

Inhalt

Ein Vorwort …

von Mustafa Jannan, Autor des »Anti-Mobbing-Buchs«

Als ich Ende 2010 erstmals von dem Programm »Surf-Fair« erfuhr, war ich spontan begeistert. Der erste Eindruck hat sich bei intensiverer Auseinandersetzung mit Konzeption und Materialien bestätigt. Vor allem der klare Praxisbezug und damit die Umsetzbarkeit in der konkreten Schulsituation haben mich überzeugt.

Beide Aspekte finden sich auch im vorliegenden Buch wieder, ergänzt um eine informative und auch für den Alltag hilfreiche Darstellung des aktuellen Forschungsstands zum Thema. Damit steht für Lehr- und Fachkräfte eine kompakte und fundierte Anleitung für die Prävention von Cybermobbing zur Verfügung – eine Anleitung, die man auch ohne weitergehende Vorkenntnisse mit Engagement und dem Willen, etwas zu verändern, umsetzen kann. Für alle Berufsgruppen sicherlich hilfreich sind die umfangreichen und gelungenen Materialien, die auch in elektronischer Form zur Verfügung stehen und damit einen kreativen Einsatz ermöglichen.

Ich hoffe und wünsche mir, dass dieses wertvolle Buch und damit auch das Konzept »Surf-Fair« rasch eine weitere Verbreitung finden.

Olpe, im Juli 2011 *Mustafa Jannan*

… und ein Geleitwort

von Prof. Dr. Rainer Bromme, Münster

Werkzeuge sind dann nützlich, wenn sie es ermöglichen, höchst unterschiedliche Arbeiten damit zu erledigen. Werkzeuge sind dann »mächtig« (powerful), wenn man mit wenig Aufwand große Effekte erzielen kann. Das Internet ist ein solch nützliches und zugleich mächtiges Werkzeug. Es ermöglicht die Bewältigung höchst unterschiedlicher Aufgaben im Alltag, im Beruf, in der Kommunikation zwischen zwei Menschen wie auch in der Kommunikation zwischen vielen Menschen. Die Entwicklung und Verbreitung des Internets wird die praktischen Lebensumstände in modernen Gesellschaften weiter verändern, so wie auch die Erfindung und Verbreitung des Automobils die praktischen Lebensumstände in modernen Gesellschaften erheblich verändert und geprägt hat. Das Automobil ist ein nützliches und zugleich mächtiges Transportwerkzeug, aber die Veränderungen der Lebensumstände, die es mit sich gebracht hat, haben auch problematische Seiten. Diese sind erst im Laufe der Entwicklung, man könnte auch sagen im Laufe der Erfolgsgeschichte dieses Werkzeugs so recht deutlich geworden. Die problematischen Seiten (z. B. Unfälle, Ressourcenverbrauch) haben zugleich gezeigt, dass die praktische und auch die gesellschaftliche Beherrschung dieses Werkzeugs durchaus anspruchsvoll ist; sie benötigt Bildung und Ausbildung, und zwar weit über die Vermittlung der technischen Nutzung dieses Werkzeugs hinaus.

Das Internet ist ein Transportwerkzeug für den Austausch von Informationen, zugleich ist es ein nützliches (weil sehr unterschiedlich anwendbares) und ein sehr mächtiges Werkzeug. Ein Schüler, der einen Freund ärgern will und deshalb eine abträgliche Geschichte über ihn unter den gemeinsamen Freunden verbreiten möchte, kann diese per E-Mail an die Freunde versenden. Wenn aus den Freunden aber plötzlich die »friends« in Facebook werden und wenn es davon auf einmal sehr viele gibt, dann kann die eigentlich überschaubare Kommunikation zwischen Freunden zu einem großen Problem werden, und zwar weil der Übergang von Sticheleien im Kreis weniger Freunde zur Herabsetzung eines Mitschülers bei allen »friends« mit dem Werkzeug Internet sehr einfach ist – so einfach, dass dies leicht auch unabsichtlich geschieht. Dies ist die Kehrseite dessen, dass das Internet ein so »mächtiges« Werkzeug ist.

Die Nutzung des Werkzeugs Internet erfordert also Bildung und Ausbildung. Dieses Werkzeug ist so allgemein und so mächtig, dass die entsprechende Bildung und Ausbildung einem lebenslangen Lernen gleichkommt. Es muss dabei vor allem um die Nutzungsmöglichkeiten gehen – und zwar sowohl in der Kommunikation zwischen Personen als auch bei der Rezeption von Informationen aller Art, die durch das Internet einfach zugänglich sind. Die Bildung und Ausbildung fürs Internet muss auch die Gefahren der Nutzung dieses Kommunikationswerkzeugs umfassen. Insbesondere die Gefahren, die sich aus den Möglichkeiten aggressiven Handelns ergeben, die das Internet auch bietet, sollten frühzeitig thematisiert werden und bleiben ein Thema lebenslangen Lernens. Die Bildungsangebote dazu sind vor allem dann hilfreich, wenn sie in eine Konzeption der Entwicklung von Medienkompetenz eingebettet sind. Das Präventionsprogramm »Surf-Fair« folgt einem solchen Grundgedanken. Es geht um Medienkompetenz im Zusammenhang mit Cybermobbing. Zugleich bleibt immer auch die allgemeine Perspektive darauf erhalten, dass Bildung zum Umgang mit dem Internet auch den konstruktiven Gebrauch dieses Werkzeugs mit einschließen muss. Und derartige Bildungsangebote sind nur dann effektiv und nachhaltig, wenn sie auf empirisch basierter Forschung beruhen. Dies ist bei »Surf-Fair« und den hier vorgestellten Befunden zum Cybermobbing der Fall.

Münster, im April 2011 *Prof. Dr. Rainer Bromme*

Einleitung

Der Umgang mit Medien stellt an jede Generation neue Herausforderungen. Das ist einerseits beängstigend für die Betroffenen, da die meisten Menschen irgendwann von der Entwicklung abgehängt werden. Schaut man auf die letzten Jahrzehnte zurück, findet man Menschen, die nach Einführung des Videotextes aus der weiteren Entwicklung der Technik »ausgestiegen« sind, andere haben noch den Sprung in das Internet mitgemacht, surfen gerne im Internet und lesen ihre E-Mails, haben sich bisher aber noch nie in einem sozialen Netzwerk angemeldet oder einen Chat benutzt. Andererseits macht diese Entwicklung nicht nur Angst, sondern sie relativiert auch die meisten Probleme, die im Zusammenhang mit der Nutzung von Medien auftauchen. Was heute – oft zu Recht – große Sorgen auslöst, wird in einigen Jahren mit Sicherheit von der gesellschaftlichen und technischen Realität bereits überholt sein. Das ermutigt, sich mit einer gesunden Gelassenheit auf die Probleme und Schwierigkeiten im Umgang mit Medien einzulassen. Trotzdem darf nicht vergessen werden, dass Kinder und Jugendliche in einer medialisierten Welt nicht alleingelassen werden sollten, sondern der Begleitung durch Erwachsene bedürfen.

Heute ist die Nutzung von Medien wie Fernseher, Radio und dem Internet bereits ab dem frühen Kindesalter fester Bestandteil im Alltag der Heranwachsenden. Viele Kinder und Jugendliche besitzen selbst einen eigenen Fernseher, Musikabspielgeräte, Spielkonsolen und vieles mehr. In der Regel werden diese Geräte fast täglich und über mehrere Stunden genutzt. Neben dem Hören von Musik ist es aber auch die Unterhaltung durch Filme, Serien, Internetseiten und Computerspiele, die begeistert. In den letzten Jahren sind diese Anwendungen mobil geworden, sodass fast überall gehört, geschaut und gespielt werden kann. Diese Entwicklung ist keinesfalls neu oder überraschend, sondern ein Prozess, der – wenn auch mit zunehmender Geschwindigkeit – bereits seit Jahrzehnten voranschreitet. Es ist aber nicht so, dass Jugendliche nach der Schule nichts anderes mehr machen, als im Internet zu surfen oder vor dem Fernseher zu sitzen. Das persönliche Treffen mit Freundinnen und Freunden, Sport, Hobbys und Unternehmungen mit der Familie gehören auch im 21. Jahrhundert zum Alltag der Heranwachsenden, auch wenn selbst diese Aktivitäten nicht immer völlig frei von Mediennutzung sind.

Als ein neues Phänomen stellt sich allerdings die zunehmende Interaktivität der Medien dar. Bereits in einem der bekanntesten Modelle zur Medienkompetenz von Baacke (1996) ist eine (inter-)aktive Seite der Mediennutzung neben dem rezeptiven Konsum beschrieben. Ab dem zwölften Lebensjahr besitzen Kinder und Jugendliche im Schnitt ein eigenes Handy, und fast alle besitzen in diesem Alter einen eigenen Computer (Medienpädagogischer Forschungsverbund Südwest 2010; Shell Deutschland Holding 2010). Sie haben Zugang zum Internet und nutzen es im Mittel 13 Stunden in der Woche (Shell Deutschland Holding 2010). Der aktive Umgang mit Medien macht Kindern und Jugendlichen Spaß und hat sich zu einer Kompetenz herausgebildet, die für die Teilhabe an der Gesellschaft immer unerlässlicher wird. Um ein günstiges Ticket für öffentliche Verkehrsmittel zu lösen,

Kontakt zu potenziellen Arbeitgebern herzustellen oder sich mit anderen Urlaubern über die Qualität eines Hotels auszutauschen, finden sich über das Internet eine Vielzahl von Anwendungen, die nicht als reine Spielerei abgetan werden können. Diese Nutzung der Medien geht deutlich über Unterhaltung und Information hinaus. Kinder und Jugendliche benutzen das Internet auch zum Gestalten von Beziehungen. Sie gestalten mediale Beziehungen zu Schulfreundinnen und -freunden, zu Menschen, die sie im Internet kennengelernt haben, oder beispielsweise zu Musikgruppen. Sie tun dies, indem sie telefonieren (per Handy, Festnetztelefon oder per Internet), Texte schreiben (als SMS[1], E-Mail, Instant-Messenger-Nachrichten, Chats, Blog- und Foreneinträge) oder indem sie sich in sozialen Netzwerken selbst darstellen. Die Anwendungsbreite von modernen Handys über das Telefonieren hinaus, die Kombination einer Vielzahl von Kommunikations- und Austauschmöglichkeiten, die auf diversen Plattformen im Internet vereinigt werden, sowie – mittlerweile auch für Kinder und Jugendliche – bezahlbare mobile Datenverbindungen erschließen Möglichkeiten, die vor einigen Jahren noch als »Träumereien« abgetan wurden.

So irritierend und wunderlich diese Medienwelt für viele Erwachsene ist, die sich noch an Schwarz-Weiß-Fernseher erinnern können, so selbstverständlich ist sie für Kinder und Jugendliche. Sie wachsen damit auf, entwickeln von Beginn an ein eigenes Verständnis dieser Medienwelt und bewegen sich darin neugierig und unvoreingenommen. Diese für das Lernen so wichtige Offenheit birgt allerdings auch Gefahren, über die zum Teil hektisch und aufgeregt in der Öffentlichkeit berichtet wird. Beispielsweise teilte der französische Staatspräsident Nicolas Sarkozy im Januar 2011 über ein großes soziales Online-Netzwerk mit, dass er nicht mehr für eine weitere Amtszeit kandidieren wolle, und lud alle Franzosen zu einer großen Rücktrittsparty auf den Champs-Élysées ein. Schnell stellte sich heraus, dass diese Falschmeldung von Personen lanciert worden war, die sich des Internetzugangs Sarkozys bemächtigt hatten und sich für diesen ausgaben. Aus einer Reihe von Pressemeldungen sprach die Überraschung von Journalisten, dass der Diebstahl von Identitäten im Internet so leicht möglich sei.

»Gefahren aus dem Netz« werden in der Berichterstattung regelmäßig dramatisiert und verallgemeinert. Handy, Fernsehen und Internet per se machen Jugendliche weder dumm noch dick noch sind sie an sich gefährlich. Hierfür fehlt es – anders als manchmal behauptet – an jeglicher wissenschaftlicher Evidenz. Themen wie »Gewalt in Computerspielen« und »sexuelle Belästigung im Internet« lassen Eltern, Pädagoginnen und Pädagogen aber hellhörig werden. Es handelt sich um Gefahren der virtuellen Welt, die durchaus reale Folgen nach sich ziehen können. Kurzfristig kann es beispielsweise zu starker emotionaler Belastung, Angst, Erregung oder negativen Gedanken bei Kindern und Jugendlichen kommen; langfristig können sich Einstellungen, Wahrnehmung und die Persönlichkeit der Kinder und Jugendlichen ändern, meistens in eine negative Richtung.

---

1 Es übersteigt den Rahmen dieses Buches, alle Internet- und Handyanwendungen zu erklären, vor allem da sich diese ständig ändern. Auf S. 49 befinden sich Verweise auf Websites mit entsprechenden Glossaren und Lexika. Bitte schlagen Sie bei Bedarf dort nach.

In diesem Buch geht es um Cybermobbing, eine der folgenschwersten Gefahren im Umgang mit den Neuen Medien. Dazu das folgende Beispiel: Stellen Sie sich den Schüler Max vor. Max besucht die sechste Klasse eines ländlichen Gymnasiums. Er ist gut in der Schule, hat Freunde in der Klasse und ein gutes Verhältnis zu seinen Eltern. Er nutzt die ganze Bandbreite der Neuen Medien und unterscheidet sich damit nicht von anderen Jugendlichen seines Alters. Seit Kurzem wird Max über sein Handy und das Internet auf unterschiedliche Weise von anderen beleidigt und verhöhnt. Irgendwann findet sich auch ein schlimmer Film im Internet, in dem er zu sehen ist. Er weiß nicht, wer hinter diesen Angriffen steckt und wie er sich davon befreien könnte. Max ist der Protagonist des Films auf der DVD, die diesem Buch beiliegt. Kinder und Jugendliche in einer ähnlichen Situation wie Max gibt es mittlerweile leider recht häufig. Gefragt nach möglichen Problemen und Gefahren des Internets fällt immerhin jedem vierten Jugendlichen spontan Cybermobbing ein (Medienpädagogischer Forschungsverbund Südwest 2010).

Viele Erwachsene sind sich solcher Gefahren im Internet und des Problems Cybermobbing bewusst und möchten Kinder und Jugendliche damit nicht alleinlassen. Trotzdem besteht ein besonderes Problem darin, dass es sich inhaltlich um Bereiche handelt, die viele Erwachsene selbst nicht umfassend verstehen, weshalb sie sich die Vermittlung des kritischen Umgangs mit den Medien häufig nicht zutrauen. Sie versuchen, Kinder und Jugendliche in Bildungsinstitutionen wie Schulen und durch Erziehung in den Elternhäusern auf Probleme vorzubereiten, die sie selbst nur zum Teil durchschauen und selten selbst erlebt haben.

Als Reaktion auf diese Situation haben wir das in diesem Buch beschriebene Präventionsprogramm »Surf-Fair« gegen Cybermobbing entwickelt. »Surf-Fair« richtet sich primär an Lehrer/innen und ihre Schulklassen der 5. bis 7. Jahrgangsstufe. Dort kann »Surf-Fair« im Fachunterricht, in Projektwochen oder Arbeitsgemeinschaften eingesetzt werden. Alternativ kann es auch von Schulsozialpädagogen, Schulpsychologen[2] und anderen haupt- und ehrenamtlichen Fachkräften in der Jugendhilfe in oder außerhalb der Schule eingesetzt werden. Einzelne Übungen aus dem Präventionsprogramm eignen sich bereits für die 4. Klassenstufe, andere Übungen können auch für ältere Schüler/innen abgewandelt werden. Neben Bildungs- und Aufklärungskontexten in Gruppen oder Klassen können auch Eltern Elemente des Präventionsprogramms »Surf-Fair« dazu nutzen, um ihre Kinder auf das Problem Cybermobbing vorzubereiten.

Der *1. Teil des Buches*, »Cybermobbing in Theorie und Forschung«, will ein umfassendes Verständnis des Phänomens Cybermobbing vermitteln, indem wissenschaftliche Forschung zu diesem Thema referiert und kritisch diskutiert wird. Da erst seit circa 2003 zum Thema Cybermobbing geforscht wird, ist ein Großteil der

2 In diesem Buch haben wir uns bemüht, durchgängig geschlechtsneutrale Formulierungen zu verwenden (z. B. »Schüler/innen«). An einigen Stellen behindert dies die Lesbarkeit des Buches. An diesen Stellen haben wir stattdessen die männliche Form genutzt, möchten aber darauf hinweisen, dass auch in diesen Fällen immer beide Geschlechter gemeint sind.

zitierten Befunde bisher nur in der wissenschaftlichen Fachliteratur verfügbar. Hier wird das Thema verständlich für Leser/innen aufbereitet, die in der Praxis mit Jugendlichen zum Thema Cybermobbing arbeiten möchten. Dennoch werden aktuelle wissenschaftliche Kontroversen aufgegriffen, und das komplexe Thema Cybermobbing wird nicht fahrlässig vereinfacht. Zum tieferen Verständnis des Themas und als Vorbereitung für die Durchführung des Präventionsprogramms »Surf-Fair« raten wir Ihnen, diese Kapitel aufmerksam zu lesen. Mindestens sollten Sie sich die Zeit nehmen, das Eingangskapitel (Kapitel 2.1: »Was ist Cybermobbing?«, S. 14 ff.) und das Kapitel über das Präventionsprogramm vollständig durchzulesen (Kapitel 2.7: »Das Präventionsprogramm ›Surf-Fair‹«, S. 40 ff.). Zum Abschluss jedes Kapitels gibt es das Unterkapitel »Zusammenfassung und Fazit«. Wir empfehlen Ihnen, zumindest diese kurzen Zusammenfassungen von allen Kapiteln zu lesen. In diesen Teil des Buches ist die bis April 2011 wissenschaftlich publizierte Forschung eingegangen.

Im *2. Teil des Buches* stellen wir das Präventionsprogramm »Surf-Fair« im Detail vor. »Surf-Fair« haben wir zusammen mit unseren Studentinnen und Studenten an der Westfälischen Wilhelms-Universität Münster entwickelt und bereits an einer Vielzahl von Schulen durchgeführt. Das Präventionsprogramm zeichnet sich besonders durch folgende Punkte aus:

- Das didaktische Konzept sieht die aktive Mitarbeit der Schüler/innen vor, Lehrer/innen lenken und begleiten diese Arbeit lediglich mithilfe der bereitgestellten Arbeitsmaterialien.
- »Surf-Fair« richtet sich ausschließlich gegen Cybermobbing, dabei liegt sein Schwerpunkt auf der Vermittlung kritischer Medienkompetenz.
- Wir haben große Teile von »Surf-Fair« systematisch evaluiert, und es hat sich gezeigt, dass dieses Präventionsprogramm zu einer positiven Verhaltens- und Einstellungsänderung führen kann und allen Beteiligten Spaß macht.

Lesen Sie im zweiten Teil des Buches zunächst das Kapitel »Anleitung zur Nutzung des Manuals« (S. 50 ff.). Diese Anleitung wird Ihnen verdeutlichen, dass das Präventionsprogramm »Surf-Fair« in die drei Bereiche »Einstieg«, »Schwerpunkt« und »Abschluss« unterteilt ist. In jedem dieser Bereiche gibt es mehrere Übungen zur Auswahl, die Sie wie Module (fast) frei miteinander kombinieren können. Jede Übung wird in einem Unterkapitel detailliert beschrieben. Bevor Sie sich dafür entscheiden, wie Sie Ihr Präventionsprogramm zusammenstellen möchten, sollten Sie die für Sie relevanten Kapitel genau durchlesen.

Unabhängig davon, wie das Thema »Cybermobbing« bearbeitet werden soll, ist es für die Arbeit mit Jugendlichen unerlässlich, sich für deren Medienwelt zu interessieren. Dabei ist es nicht einmal nötig – und sicherlich auch nicht immer möglich –, sich eine Expertise in der Nutzung dieser Medien zu verschaffen, die sich mit den Kenntnissen der Jugendlichen messen kann. Vielmehr profitieren Jugendliche von der erwachsenen Begleitung im *Umgang* mit den Medien. Sie können dabei gegenseitig Kompetenzen und Defizite im persönlichen Umgang mit Medien erkennen. Der präventive kritische Umgang mit den Neuen Medien ist nur durch eine solche angeleitete Reflexion des eigenen Handelns zu erreichen – und dies leisten Jugendliche selbst, wenn sie dabei passend begleitet werden. Verbote sind in diesem Zusammenhang – wenn auch in bestimmten Kontexten durchaus sinnvoll – nur schwierig zu kontrollieren und auch nicht hilfreich. An Abschreckungen mit Konsequenzen und Gefahren erinnern sich Jugendliche in den entsprechenden kritischen Situationen kaum, und sie behindern das neugierige Lernen im Umgang mit Medien.

Das Ziel jeglicher Medienarbeit sollte nicht Medienangst oder Medienabstinenz der Betroffenen sein, sondern vielmehr die Ausbildung einer selbstständigen und kritischen Medienkompetenz der Kinder und Jugendlichen!

2 Cybermobbing in Theorie und Forschung

2.1 Was ist Cybermobbing?

Cybermobbing ist ein gesellschaftlich neues Phänomen, das erstmalig Mitte des letzten Jahrzehnts im angloamerikanischen Sprachraum beschrieben worden ist (Campbell 2005; Ybarra/Mitchell 2004). Die meisten Definitionen von Cybermobbing lehnen sich eng an Definitionen von Mobbing in der Schule an: Danach bezeichnet Cybermobbing die Nutzung von Informations- und Kommunikationstechnologien, um absichtlich und wiederholt schwächere Individuen oder Gruppen von Individuen zu diffamieren oder zu schikanieren (z. B. Katzer/Fetchenhauer 2007; Scheithauer/Hayer/Bull 2007). Dieser direkte Vergleich von Mobbing in der Schule und Cybermobbing ist allerdings nur teilweise angemessen, da sich nicht alle Aspekte dieser Definition auf den virtuellen Raum übertragen lassen. Im Folgenden wird auf die einzelnen Aspekte der Definition eingegangen und ein Vorschlag für eine praxisgerechte Formulierung abgeleitet.

Informations- und Kommunikationstechnologien

Dieser Aspekt der Definition ist unumstritten: Moderne Informations- und Kommunikationstechnologien werden für Cybermobbing genutzt. In diesem Sinne unterscheiden beispielsweise Slonje und Smith (2008) Cybermobbing durch Textnachrichten, E-Mails, Anrufe sowie Fotos oder Videos. Nahezu täglich kommen neue, für Cybermobbing relevante Technologien hinzu. Aus diesem Grund wird es zu keinem Zeitpunkt möglich sein, eine vollständige Übersicht über alle für Cybermobbing relevanten Technologien zu geben.

Heutzutage werden einerseits verschiedene Internetanwendungen beim Cybermobbing genutzt, beispielsweise E-Mails (z. B. www.gmx.de), Instant Messenger (z. B. www.icq.com), Chaträume (z. B. www.knuddels.de), soziale Netzwerke (z. B. www.schuelervz.net), Foren (z. B. www.kidopia.de), Videoportale (z. B. www.youtube.com) oder Computerspiele (z. B. http://eu.battle.net/wow/de/). Andererseits können auch Handyanwendungen beim Cybermobbing zum Einsatz kommen, beispielsweise Anrufe, SMS oder der Gebrauch eingebauter Kameras. Darüber hinaus können Schüler/innen auch schulinterne Netzwerke (Intranet) oder virtuelle Lernumgebungen für Cybermobbing missbrauchen (Snakenborg/van Acker/Gable 2011). Allerdings weichen die Grenzen zwischen Anwendungen zunehmend auf, da es immer mehr Handys und Kleincomputer mit Handyfunktionen gibt, die auf das Internet mitsamt seinen Anwendungen zugreifen können.

Diese Erfahrung haben wir auch in der Praxis gemacht: Schüler/innen sagen nicht, dass sie »ins Internet« gehen, sondern dass sie beispielsweise »auf Facebook« sind. Für sie steht die konkrete Anwendung und nicht der Zugangsweg im Mittelpunkt.

Informations- und Kommunikationstechnologien kann man unterschiedlich klassifizieren. Eine für Cybermobbing sehr relevante Unterscheidung betrifft die der »Öffentlichkeit« (Fawzi 2009): Wir unterscheiden öffentliche Medien, bei denen alle Personen im Internet Zugriff auf die Inhalte haben (z. B. YouTube), halböffentliche Medien, bei denen nur registrierte Nutzer Zugriff auf die Inhalte haben (z. B. schülerVZ), und nicht-öffentliche oder private Medien, bei denen niemand außer den Kommunikationspartnern Zugriff auf die Inhalte hat (z. B. E-Mail).

Schädigende Absicht

Dieser Aspekt von Cybermobbing ist nur schwer zu erfassen. Wenn beispielsweise ein Schüler ein peinliches Video über einen Mitschüler »aus Spaß« bei YouTube eingestellt hat (Raskaukas/Stoltz 2007), läge keine schädigende Absicht vor. Dennoch kann dieser Vorfall für das Opfer sehr belastend sein, vor allem wenn viele andere Schüler/innen diesen Film sehen, darüber lachen und ihn eventuell gemein kommentieren. Aus der angewandten Perspektive – Durchführung einer Präventionsmaßnahme gegen Cybermobbing – sind vermutlich gerade solche Vorfälle leicht zu verhindern. Aus diesem Grund fassen wir die Definition von Cybermobbing etwas weiter und bezeichnen auch solche Vorfälle als Cybermobbing, bei denen es zwar keine schädigende Absicht des Täters gibt, aber das Opfer sich belastet fühlt. Diese Belastung kann sich beispielsweise in Form von Emotionen wie Angst, Frustration oder Hilflosigkeit als Folge von Cybermobbing äußern.

Wiederholung

Dieser Aspekt von Cybermobbing ist ebenfalls diskussionswürdig. Es ist selbst für Experten schwierig zu entscheiden, was genau Wiederholung im virtuellen Raum bedeutet (Dooley/Pyzalski/Cross 2009; Fawzi 2009). Muss beispielsweise derselbe Täter mehrere Filme des gleichen Schülers auf YouTube einstellen? Oder reicht es aus, dass mehrere Schüler/innen sich über einen dort eingestellten Film lustig machen und ihn entsprechend kommentieren?

Darüber hinaus bleibt offen, wie häufig etwas vorkommen müsste, damit man von Wiederholung sprechen könnte. Fawzi (2009) geht beispielsweise von einer Häufigkeit von mindestens zwei- oder dreimal aus. Aus der angewandten Perspektive – Durchführung einer Präventionsmaßnahme gegen Cybermobbing – spielen diese Fragen eine eher untergeordnete Rolle. Aus diesem Grund fassen wir auch hier die Definition von Cybermobbing etwas weiter und bezeichnen – wie beim Aspekt »Schädigende Absicht« – alle Vorfälle als Cybermobbing, bei denen sich das Opfer belastet fühlt, unabhängig davon, ob es sich nur um einen einzelnen Vorfall handelt oder ob es wiederholte Vorfälle gibt.

Kräfteungleichgewicht

Auch der Aspekt des Kräfteungleichgewichts zwischen starken Tätern und schwächeren und somit wehrlosen Opfern ist nicht problemlos zu erfassen (Dooley/Pyzalski/Cross 2009; Fawzi 2009). Beim Mobbing in der Schule kann dieses Kräfteungleichgewicht beispielsweise durch physische Überlegenheit, verbale Kompetenz oder einen höheren Status in der Klasse gegeben sein (Scheithauer/Hayer/Bull 2007). Wie aber sieht es im virtuellen Raum aus? In diesem Kontext gibt es potenziell andere relevante Faktoren: Eine höhere Medienkompetenz kann beispielsweise zu einem Kräfteungleichgewicht führen, wenn ein Täter weiß, wie man eine Hassgruppe bei schülerVZ gründen kann, das Opfer aber nicht weiß, wie man so etwas beim Anbieter melden kann.

Weitere Faktoren sind die Möglichkeiten, dass Täter anonym bleiben können (Dooley/Pyzalski/Cross 2009) und dass Textnachrichten, Fotos oder Videos in Sekundenschnelle an ein potenziell unendlich großes Publikum verbreitet werden können (»Öffentlichkeit«). In diesen Fällen kann man ein Kräfteungleichgewicht vorrangig daran festmachen, dass sich ein Opfer hilflos oder ausgeliefert fühlt. Dies kann sich beispielsweise darin äußern, dass ein Opfer von Cybermobbing keine angemessenen Strategien zur Vorbeugung von Cybermobbing anwenden kann oder dass seine Versuche, sich zu wehren, ohne Erfolg bleiben.

Arten von Cybermobbing

Dieser Teil der Definition ist ebenfalls nicht unstrittig. Welche Arten der Diffamierung und Schikane gibt es beim Cybermobbing? Beim Mobbing in der Schule gibt es beispielsweise drei relativ klar zu trennende Arten von Mobbing: physisches Mobbing wie beispielsweise Tritte oder Schläge, verbales Mobbing wie beispielsweise Verspottung oder Beleidigung und relationales Mobbing wie beispielsweise Verleumdung oder Ausgrenzung (Scheithauer/Hayer/Bull 2007). Wir unterscheiden die folgenden fünf Arten von Cybermobbing (Willard 2007):

- *Schikane (engl. haressment):* Unter dieser Form des Cybermobbings kann man alle Arten der direkten Beleidigung oder Drohung verstehen. Ein mögliches Beispiel wäre eine SMS mit dem folgenden Inhalt: »Du Vollidiot! Wenn du morgen zur Schule kommst, dann mache ich dich fertig!«
- *Verunglimpfung (engl. denigration):* Unter dieser Form des Cybermobbings kann man alle Handlungen verstehen, die dem Ansehen des Opfers schaden, beispielsweise die Verbreitung von Gerüchten und Lügen. Ein Täter kommuniziert hierbei mit anderen Schüler/innen über das Opfer. Ein mögliches Beispiel ist, dass ein Täter eine E-Mail mit einem nicht zutreffenden Gerücht an andere Schüler/innen schickt oder dieses Gerücht in einem Forum (beispielsweise www.isharegossip.com) veröffentlicht. Ein Beispiel dafür könnte das folgende Gerücht sein: »Max ist total in unsere Lehrerin verknallt.« Auch die Verbreitung von manipulierten Fotos oder Online-Abstimmungen gehört zur Verunglimpfung.

- *Betrug (engl. impersonation):* Unter dieser Form des Cybermobbings versteht man, dass der Täter sich als das Opfer ausgibt und dabei so verhält, dass es dem Ansehen des Opfers schadet. Ein mögliches Beispiel ist, dass ein Täter ein schülerVZ-Profil unter dem Namen des Opfers anlegt, auf dem unter anderem steht »Hobbys: sich bei Lehrern einschleimen«. Auch wenn man die regulären Nutzerkonten des Opfers nutzt, beispielsweise weil man das Passwort geknackt hat, fällt dies unter Betrug.
- *Verrat (engl. outing):* Unter dieser Form des Cybermobbings versteht man, dass ein Täter private und häufig peinliche Geheimnisse des Opfers an andere verrät, obwohl das Opfer dies nicht möchte. Ein mögliches Beispiel ist, dass ein Täter peinliche Fotos von einem Opfer ohne dessen Wissen und Genehmigung verbreitet, beispielsweise ein Foto, auf dem das Opfer mit heruntergelassener Hose auf der Toilette zu sehen ist. Auch das »Sexting« – z. B. die Verbreitung von sexuellen Bildern mit Handys – fällt in diese Kategorie.
- *Ausgrenzung (engl. exclusion):* Unter dieser Form des Cybermobbings versteht man, dass ein oder mehrere Täter ein Opfer bei einer Aktivität im Internet ausschließen. Ein Beispiel ist, dass ein Opfer aus einer Gilde (virtuelle Gruppe bei dem Spiel »World of Warcraft«) ausgeschlossen wird. Aber auch wenn Opfer nicht auf Freundeslisten, beispielsweise in schülerVZ, aufgenommen werden, fällt dies unter Ausgrenzung.

Weitere Arten von Cybermobbing (Willard 2007) haben wir bewusst nicht aufgenommen. Beispielsweise gehört unserer Meinung nach das Austragen eines heftigen Streits mithilfe von Informations- und Kommunikationstechnologien (engl. flaming) nicht zum Cybermobbing, da es in der Regel kein Kräfteungleichgewicht gibt. Auch das Stalking mithilfe von Informations- und Kommunikationstechnologien haben wir nicht als eigene Kategorie aufgenommen, da es als Sonderform der »Schikane« verstanden werden kann.

Aus den Beschreibungen der oben genannten Arten wird deutlich, dass Cybermobbing dem Opfer in vielen Fällen nicht sofort bekannt sein muss, zumindest wenn es sich nicht um direktes (unmittelbar an das Opfer gerichtetes), sondern um indirektes (vermittelt durch andere an das Opfer gerichtetes) Cybermobbing handelt (Fawzi 2009; Wong-Lo/Bullock 2011). Trotzdem sind auch diese Arten von Cybermobbing höchst relevant für die Präventionsarbeit. Aus diesem Grund erweitern wir die Definition von Cybermobbing und bezeichnen Schikane, Verunglimpfung, Betrug, Verrat und Ausgrenzung auch dann als Cybermobbing, wenn das Opfer (noch) nicht von diesen Vorfällen weiß.

Ist der Begriff Cybermobbing überhaupt angemessen?

Im wissenschaftlichen und besonders im angloamerikanischen Kontext hat sich der Begriff »Cyberbullying« für die hier beschriebenen Phänomene durchgesetzt. Eine Frage, die immer wieder auftaucht, ist diejenige nach der Unterscheidung zwischen Cybermobbing und Cyberbullying.

Zum einen wird der Begriff Mobbing traditionell eher im Arbeitskontext genutzt, um das dauerhafte und zielgerichtete Belästigen von Erwachsenen an ihrem Arbeitsplatz durch Vorgesetzte, Kollegen oder Untergebene zu bezeichnen (Zapf 1999). Bullying hingegen bezieht sich überwiegend auf den Kontext der Schule als sozialen Lebensraum von Schüler/innen. Zum anderen suggeriert der Begriff Mobbing, dass eine Gruppe von Tätern aktiv ist (engl. mob = Pöbel, Bande), während der Begriff Bullying (engl. bully = brutaler Kerl, Tyrann) sowohl individuelle als auch kollektive Übergriffe beschreiben kann (Scheithauer/Hayer/Bull 2007).

Eine andere Frage bezieht sich eher auf die Vergleichbarkeit der Phänomene des Mobbings in der Schule und des Cybermobbings. Wenn wir die Definition von Cybermobbing so erweitern, dass es beispielsweise keine schädigende Absicht und keine Wiederholung mehr geben muss, sollten wir dann überhaupt noch den gleichen Begriff (»Mobbing«) verwenden? Aus wissenschaftlicher Perspektive müsste man diese Frage klar verneinen. Nicht alles, was wir in diesem Buch als Cybermobbing bezeichnen, ist im engeren Sinn Mobbing! Wir stellen uns allerdings auf einen eher anwendungsorientierten Standpunkt und richten unsere Präventionsmaßnahme schon gegen die ersten Anfänge von Cybermobbing. Aus diesem Grund haben wir unsere Definition bewusst sehr weit gefasst, um die ersten Anzeichen von Cybermobbing mit einzubeziehen. Wir räumen ein, dass andere Bezeichnungen, die den Vergleich mit Mobbing in der Schule weniger nahelegen, eventuell besser geeignet wären, beispielsweise Cyber-Schikane, Cyber-Gemeinheiten, Cyber-Bedrohungen oder Cyber-Belästigungen.

Trotz dieser Bedenken haben wir uns für die Verwendung des Begriffs Cybermobbing entschieden, da Mobbing im deutschen Sprachraum weit verbreitet und entsprechend verständlich ist.

Zusammenfassung und Fazit

> Wir definieren Cybermobbing im Rahmen dieses Buches folgendermaßen: Cybermobbing sind alle Formen von Schikane, Verunglimpfung, Betrug, Verrat und Ausgrenzung mithilfe von Informations- und Kommunikationstechnologien, bei denen sich das Opfer hilflos oder ausgeliefert und (emotional) belastet fühlt oder bei denen es sich voraussichtlich so fühlen würde, falls es von diesen Vorfällen wüsste.

2.2 Ist Cybermobbing gleich Mobbing?

Es wird kontrovers diskutiert, ob Cybermobbing überhaupt ein neues Phänomen ist oder ob es sich bei diesem Phänomen »nur« um eine Fortsetzung von Mobbing mit neuen Informations- und Kommunikationstechnologien handelt. Die Antwort auf diese Frage hat auch Konsequenzen für die praktische Präventionsarbeit. Wenn es sich um das gleiche Phänomen handelt, dann müssten die bei Mobbing erprobten Maßnahmen auch bei Cybermobbing wirken. Wir gehen davon aus, dass dies nur für Teile des Phänomens Cybermobbing gilt, und werden im Folgenden empirische und theoretische Argumente dafür liefern.

Studien über die Beziehung von Mobbing und Cybermobbing

Die Frage nach dem Zusammenhang von Mobbing und Cybermobbing wird empirisch in der Regel dadurch beantwortet, dass man Schüler/innen Fragebögen über ihre Erfahrungen mit Mobbing und über ihre Erfahrungen mit Cybermobbing vorlegt. Im Anschluss stellt man fest, wie viele Schüler/innen einerseits sowohl Opfer von Mobbing als auch Opfer von Cybermobbing waren und andererseits sowohl Täter von Mobbing als auch Täter von Cybermobbing waren. Die Stärke dieser Beziehung wird statistisch häufig als Korrelation ausgedrückt. Eine Korrelation ist ein Zusammenhangsmaß, das Werte zwischen 0 (= es gibt keinen Zusammenhang) und 1 (= jedes Opfer von Mobbing ist auch ein Opfer von Cybermobbing und umgekehrt) annehmen kann. Wenn diese Beziehung überzufällig groß ist, dann spricht man von einer signifikanten Korrelation.

In einer großen deutschen Befragung zeigte sich beispielsweise für Opfer eine signifikante Korrelation von 0,55 (Katzer/Fetchenhauer/Belschak 2009a) und für Täter eine signifikante Korrelation von 0,59 (Katzer/Fetchenhauer/Belschak 2009b) zwischen Mobbing und Cybermobbing in Chaträumen. Anders ausgedrückt heißt dies beispielsweise, dass in dieser Befragung 63 Prozent der Opfer von Mobbing auch Opfer von Cybermobbing waren. Von den Schüler/innen, die keine Opfer von Mobbing in der Schule waren, waren dagegen nur 37 Prozent Opfer von Cybermobbing (Katzer 2009; Katzer/Fetchenhauer 2007). Zu ähnlichen Ergebnissen kommen auch andere deutsche (Riebel 2008) und internationale Studien (Gradinger/Strohmeier/Spiel 2009).

Darüber hinaus gibt es Fallberichte, die zeigen, dass Mobbing und Cybermobbing häufig ineinander übergehen (Spears et al. 2009; Patchin/Hinduja 2006). Mobbing-Vorfälle können im virtuellen Raum veröffentlicht oder verbreitet werden. Beispielsweise kann ein Film eines physischen Mobbing-Ereignisses bei YouTube hochgeladen und dort weiter verbreitet und kommentiert werden (Dambach 2011). Andererseits kann Cybermobbing auch im realen Leben weitergeführt werden. Beispielsweise können Drohungen über das Internet im realen Leben umgesetzt werden, und es kann dabei zu physischen Verletzungen kommen.

Aufgrund dieser Daten kommen einige Forscher zu dem Schluss, »dass Cyberbullying kein eigenständiges Phänomen ist, das unabhängig von traditionellem Bullying zu betrachten ist« (Riebel 2008, S. 67). Wir kommen zu einer leicht abweichenden Interpretation (vgl. Abb. 1 auf der nächsten Seite): Es gibt eine große Schnittmenge zwischen Mobbing und Cybermobbing. Für diejenigen Schüler/innen, die Teil dieser Schnittmenge sind, können auch Präventionsmaßnahmen gegen Mobbing geeignet sein, um gegebenenfalls Cybermobbing zu verhindern. Darüber hinaus gibt es einen nicht zu vernachlässigenden Anteil von Schüler/innen, die nur von Cybermobbing betroffen sind, nicht aber von Mobbing. Präventions-

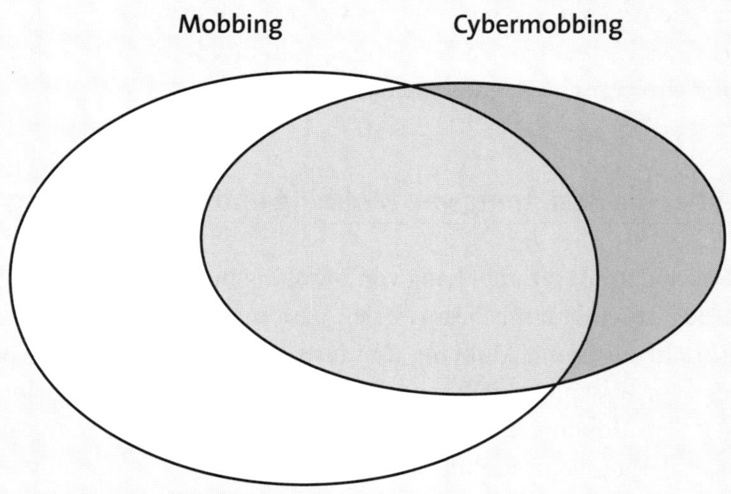

Abb. 1: Visualisierung der Beziehung zwischen Mobbing und Cybermobbing

maßnahmen gegen Mobbing werden in diesen Fällen wahrscheinlich nicht wirken. Aus diesem Grund sind spezielle Präventionsmaßnahmen gegen Cybermobbing notwendig.

Theorien über die Beziehung von Mobbing und Cybermobbing

Auch wenn man schon aufgrund der unterschiedlichen Definitionen von Mobbing und Cybermobbing (vgl. Kapitel 2.1, S. 14 ff.) anzweifeln kann, dass es sich um dasselbe Phänomen handelt, so gibt es doch darüber hinausgehende Gemeinsamkeiten und Unterschiede von Mobbing und Cybermobbing.

Gemeinsamkeiten von Mobbing und Cybermobbing

Es konnte gezeigt werden, dass Mobbing nicht nur die Täter und Opfer betrifft, sondern dass bei der Mehrheit der Mobbing-Vorfälle weitere Schüler/innen involviert sind (Scheithauer/Hayer/Bull 2007). Mobbing ist also ein Phänomen, das durch das jeweilige soziale Umfeld verstärkt werden kann und stark von sozialen Rollen abhängt (Salmivalli 1999; Schäfer/Korn 2004). Wir gehen davon aus, dass diese sozialen Rollen auch für Cybermobbing relevant sind (Campbell 2007; Dambach 2011; Dooley/Pyzalski/Cross 2009; Mason 2008).

Beim Mobbing unterscheidet man die Rollen des Täters, Opfers, Assistenten, Verstärkers, Außenstehenden und Verteidigers (vgl. Abb. 2). Nicht alle Rollen müssen in jeder Mobbing-Situation besetzt sein, und die Rollen können sogar mehrfach belegt sein. Die beiden Hauptrollen gibt es bei allen Fällen von Mobbing und Cybermobbing gleichermaßen (Ortega et al. 2009; vgl. Abb. 2 und 3): Der *Täter* zeichnet sich in beiden Kontexten durch aktives Mobbing-Verhalten aus, beispielsweise durch das Schlagen eines Opfers oder durch das Verbreiten eines peinlichen Films. Das *Opfer* ist in beiden Kontexten die betroffene Person, beispielsweise die geschlagene Person oder die in dem peinlichen Film zu sehende Person.

Abb. 2: Soziale Rollen beim Mobbing (nach Salmivalli 1999)

Abb. 3: Soziale Rollen beim Cybermobbing (nachempfunden Salmivalli 1999)

Darüber hinaus gibt es weitere soziale Rollen, die für Mobbing und Cybermobbing relevant sind (vgl. Abb. 2 und 3). Beim Mobbing gibt es *Assistenten*, die sich durch aktive Unterstützung des Täters auszeichnen. Beispielsweise kann ein Assistent ein Opfer festhalten, während der Täter das Opfer schlägt. Darüber hinaus gibt es beim Mobbing *Verstärker*, die Täter und Assistenten beispielsweise durch Klatschen, Jubeln oder Aufmerksamkeit bestärken.

Diese Rollen lassen sich beim Cybermobbing nicht klar trennen, da die Grenzen zwischen aktiver Unterstützung und Verstärkung fließend sind. Schüler/innen, die beim Cybermobbing dem Täter helfen, indem sie ihm beispielsweise zeigen, wie man Filme bei YouTube hochladen kann, sind *Assistenten*. Schüler/innen, die beim Cybermobbing dem Vorgehen Aufmerksamkeit schenken, indem sie sich beispielsweise einen vom Täter im Internet eingestellten Film anschauen, sind

Verstärker. Schüler/innen, die bei diesem Beispiel das gemeine Video kommentieren und sich darüber lustig machen oder einen Link mit dem Film an andere weiterleiten, fallen zwischen diese Kategorien und lassen sich somit nicht einfach zuordnen. Trotzdem lässt sich festhalten, dass es auch beim Cybermobbing Schüler/innen gibt, die durch ihr Verhalten Cybermobbing unterstützen und damit aufrechterhalten.

Des Weiteren gibt es beim Mobbing (potenzielle) *Verteidiger*, die sich dadurch auszeichnen, dass sie grundsätzlich auf der Seite des Opfers stehen und es direkt oder indirekt unterstützen. Dadurch können sie Mobbing beenden oder die negativen Folgen von Mobbing abschwächen, müssen allerdings auch befürchten, selbst vorrangiges Ziel des Täters zu werden. Beim Mobbing beispielsweise kann ein Verteidiger einen Täter dazu auffordern, aufzuhören, oder einen Lehrer zu Hilfe holen.

Beim Cybermobbing kann ein Verteidiger ein Opfer auf unterschiedliche Art und Weise unterstützen (vgl. Kapitel 2.6, S. 36 ff.). Beispielsweise kann ein Verteidiger ein Opfer über indirekte Formen des Cybermobbings informieren. Ein Verteidiger könnte dem Opfer auch helfen, den Täter bei einem Anbieter zu melden. Außerdem kann ein Verteidiger ein Opfer von Cybermobbing ermutigen, sich weitere Hilfe zu holen, oder er könnte das Opfer emotional unterstützen.

Darüber hinaus gibt es beim Mobbing *Außenstehende*, die sich gegen die gesamte Situation abgrenzen und nichts tun. Diese gibt es auch beim Cybermobbing, beispielsweise wenn Außenstehende aus einem Chatraum austreten, sobald dort Cybermobbing stattfindet, oder wenn sie sich peinliche Filme gar nicht erst ansehen.

Aufgrund dieser komplexen sozialen Rollenverteilung scheinen Präventionsmaßnahmen, die sich nur auf Täter und Opfer konzentrieren, wenig Erfolg versprechend, im Gegenteil scheint das größte Potenzial bei den weiteren Beteiligten zu liegen (Diamanduros/Downs/Jenkins 2008). Assistenten und Verstärkern kann vermittelt werden, dass ihre Aktionen und Reaktionen die Situation aufrechterhalten und somit genauso verletzend sind wie die Aktionen des Täters selbst. Verteidiger können in ihrem Verhalten verstärkt werden und mehr darüber lernen, auf welche Arten sie Opfer von Cybermobbing unterstützen können. Ein besonderer Schwerpunkt kann die Arbeit mit den Außenstehenden sein. Hier ist das vorrangige Ziel, Außenstehende zu ermutigen, Verteidiger zu werden.

Konzeptuelle Unterschiede zwischen Mobbing und Cybermobbing

Neben den vielen Gemeinsamkeiten von Mobbing und Cybermobbing gibt es große konzeptuelle Unterschiede, die vor allem durch die Allgegenwärtigkeit, Reichweite, Dauerhaftigkeit und Anonymität der Kommunikation mithilfe neuer Informations- und Kommunikationstechnologien zustande kommen (Campbell 2007; Dooley/Pyzalski/Cross 2009; Fawzi 2009; Katzer 2009; Mason 2008; Spears et al. 2009; Wong-Lo/Bullock 2011).

Mobbing findet überwiegend in der Schule oder auf dem Schulweg statt (Smith et al. 2008). Außerhalb der Schulzeit können sich betroffene Schüler/innen zu Hause vor Mobbing in Sicherheit bringen und haben somit einen Schonraum. Cybermobbing ist dagegen allgegenwärtig. Schüler/innen nutzen heutzutage neue

Informations- und Kommunikationstechnologien fast rund um die Uhr (Medienpädagogischer Forschungsverbund Südwest 2010), nicht nur in der Schule, sondern vor allem auch zu Hause. Hinzu kommt, dass Täter, Opfer und andere Beteiligte nicht in einer gemeinsamen Situation sein müssen, sondern räumlich und zeitlich getrennt sein können (vgl. Abb. 3). Dadurch gibt es fast keinen Schonraum vor Cybermobbing (Campbell 2007; Dooley/Pyzalski/Cross 2009; Fawzi 2009; Mason 2008; Patchin/Hinduja 2006; Smith et al. 2008; Tokunaga 2010; Wong-Lo/Bullock 2011).

Mobbing besteht aus einer Reihe singulärer und vergänglicher Ereignisse, die jeweils nur von einer begrenzten Personenzahl beobachtet werden. Cybermobbing dagegen hat eine große öffentliche Reichweite und hinterlässt dauerhafte Spuren, die nur schwierig beseitigt werden können (Campbell 2007; Dooley/Pyzalski/Cross 2009; Fawzi 2009; Katzer 2009; Mason 2008; Wong-Lo/Bullock 2011). Wenn beispielsweise ein peinlicher Film bei YouTube eingestellt wird, dann steht dieser Film im öffentlich zugänglichen Internet. Jeder auf der ganzen Welt kann ihn ansehen. Selbst wenn das Opfer diesen Film bei den Betreibern meldet und löschen lässt, kann es schon zu spät sein. Sobald eine andere Person diesen Film auf einen privaten Computer heruntergeladen hat, besteht die Möglichkeit, dass er jederzeit wieder auftauchen kann. Weder Täter noch Opfer haben Kontrolle über das, was mit Inhalten geschieht, die einmal im Internet veröffentlicht worden sind. Ein gutes Beispiel hierfür ist das Video über das sogenannte »Star Wars Kid«, über das sich inzwischen mehrere Millionen Internetnutzer amüsiert haben (Campbell 2007; Fawzi 2009).

Auch für den Täter gibt es Besonderheiten beim Cybermobbing. Bei der Mehrheit der Mobbing-Ereignisse ist der Täter dem Opfer bekannt. Beim Cybermobbing dagegen kann ein Täter problemlos anonym bleiben und sich hinter einem Fantasienamen verstecken (Campbell 2007; Dambach 2011; Dooley/Pyzalski/Cross 2009; Fawzi 2009; Katzer 2009; Ortega et al. 2009; Patchin/Hinduja 2006; Tokunaga 2010; Wong-Lo/Bullock 2011). Das kann die Hemmschwelle für Cybermobbing senken (Mason 2008). Hinzu kommt, dass ein Täter beim physischen und verbalen Mobbing immer die Reaktion seines Opfers direkt erlebt. Er sieht, wenn das Opfer weint oder versucht wegzurennen. Beim Cybermobbing dagegen bekommt ein Täter dies nicht mit, da bestimmte Hinweisreize wie Mimik oder Gestik in der medial vermittelten Kommunikation fehlen (Campbell 2007; Dehue/Bolman/Völlink 2008; Fawzi 2009; Katzer 2009; Menesini/Nocentini 2009). Daher kann es vorkommen, dass Täter Cybermobbing nur aus Spaß betreiben, ohne sich der Konsequenzen bewusst zu werden (Mason 2008; Raskaukas/Stoltz 2007; Smith et al. 2008).

Darüber hinaus gibt es im Internet fast keine Kontroll- und Aufsichtsmechanismen (Mason 2008; Patchin/Hinduja 2006). Während Lehrer/innen auf dem Schulhof Aufsicht führen und bei Mobbing eingreifen können, wird Cybermobbing durch mehrere Faktoren erleichtert: Viele Schüler/innen haben einen eigenen Computer mit Internetzugang in ihrem Zimmer; die Schüler/innen besitzen häufig mehr Kenntnis über das Internet und seine Funktionen als ihre Eltern, dadurch gibt es häufig wenig Kontrolle der Internetnutzung durch Eltern. Cybermobbing ist durch das Internet nicht an einem bestimmten Ort gebunden, es findet auch nicht zu einer bestimmten Uhrzeit statt. Damit unterliegt es weder der vorrangigen Kontrolle durch die Eltern noch der Kontrolle der Schule. Es ist zwischen Eltern und Schulen häufig umstritten, wer die Schüler/innen auf Cybermobbing vorbereiten muss (Shariff 2008).

Zusammenfassung und Fazit

Sowohl empirische Daten als auch theoretische Überlegungen legen nahe, dass es eine große Schnittmenge zwischen Mobbing und Cybermobbing gibt. Trotzdem gibt es konzeptuelle Besonderheiten von Cybermobbing und einen nicht zu vernachlässigenden Anteil von Schüler/innen, der ausschließlich von Cybermobbing betroffen ist. In unserer Präventionsmaßnahme wenden wir uns aus diesem Grund explizit gegen Cybermobbing und nicht gegen Mobbing.

2.3 Wie häufig kommt Cybermobbing vor?

Im Durchschnitt aller bisher veröffentlichten empirischen Studien zeigte sich, dass 20 bis 40 Prozent der Schüler/innen von Cybermobbing betroffen sind (Campbell 2007; Tokunaga 2010). Die genauen Ergebnisse hängen stark von verschiedenen methodischen Fragen (Pieschl/Urbasik eingereicht), aber auch vom Kontext ab. Methodisch relevant ist vor allem, für welchen Zeitraum gefragt wird, beispielsweise »in den letzten zwei Monaten« (Tokunaga 2010), und wie detailliert Cybermobbing abgefragt wird, beispielsweise aufgeteilt nach Informations- und Kommunikationstechnologien (Slonje/Smith 2008), aufgeteilt nach Arten (Willard 2007) oder mit einer einzigen Frage (Menesini/Nocentini 2009).

Die erste deutsche Befragung 2005

In Deutschland wurde die erste Studie zum Thema Cybermobbing 2005 von Catarina Katzer und Kollegen an der Universität Köln durchgeführt (Katzer/Fetchenhauer 2007; Katzer/Fetchenhauer/Belschak 2009a; Katzer/Fetchenhauer/Belschak 2009b). Dabei handelt es sich um eine Fragebogenuntersuchung mit 1700 Schüler/innen der 5. bis 11. Klassen von Gymnasien, Real- und Gesamtschulen aus Nordrhein-Westfalen. Diese Schüler/innen waren im Durchschnitt 14 Jahre alt, und 69 Prozent von ihnen nutzten regelmäßig Chaträume. Die Schüler/innen wurden beispielsweise gefragt, wie häufig sie im Chat beschimpft, beleidigt, geärgert oder gehänselt wurden oder dies selbst getan haben (Schikane) und wie häufig sie im Chat ausgeschlossen oder gemieden wurden oder andere ausgeschlossen oder gemieden haben (Ausgrenzung). Als Antwortmöglichkeiten standen bei allen Fragen die Optionen »nie«, »alle paar Monate«, »mehrmals im Monat«, »mehrmals pro Woche« und »fast täglich« zur Verfügung.

Auf der Seite der Opfer zeigte sich, dass 35 Prozent der Schüler/innen mindestens »alle paar Monate« Schikane und 10 Prozent der Schüler/innen mindestens »alle paar Monate« Ausgrenzung in Chaträumen erlebten (Katzer/Fetchenhauer/Belschak 2009a). Auf der Seite der Täter zeigte sich, dass 42 Prozent der Schüler/innen mindestens »alle paar Monate« andere schikanieren und 28 Prozent der Schüler/innen mindestens »alle paar Monate« andere aus Chaträumen ausgrenzen (Katzer/Fetchenhauer/Belschak 2009b).

Die Schülerbefragungen des ZEPF 2007 und 2009

Eine Serie von empirischen Studien zum Thema Mobbing und Cybermobbing wurde am Zentrum für empirische Bildungsforschung (ZEPF) in den Jahren 2007 und 2009 durchgeführt. Dabei handelt es sich um Online-Untersuchungen mit freiwilligen Schüler/innen aus ganz Deutschland. Im Jahr 2007 (Jäger/Fischer/Riebel 2007; Riebel/Jäger/Fischer 2009; Riebel 2008) wurden 1 997 Schüler/innen und im Jahr 2009 (Jäger/Riebel 2009) 1 995 Schüler/innen von der 1. bis zur 13. Klasse befragt. Im Durchschnitt waren die Befragten 13 Jahre alt.

Unter anderem wurden sie gefragt, wie häufig sie in den letzten zwei Monaten Opfer von Cybermobbing waren. Als Antwortmöglichkeiten standen die Optionen »gar nicht«, »ein- bis zweimal«, »vier- bis sechsmal«, »circa neunmal« und »sehr oft« zur Verfügung. Insgesamt gaben 17 Prozent (2007) bzw. 20 Prozent (2009) der Schüler/innen an, mindestens »ein- bis zweimal« Opfer von Cybermobbing gewesen zu sein. Darüber hinaus wurden auch verschiedene Arten von Cybermobbing mit den gleichen Antwortmöglichkeiten abgefragt. Beispielsweise gaben 24 Prozent (2007) bzw. 22 Prozent (2009) der Schüler/innen an, mindestens »ein- bis zweimal« über das Internet oder Handy beleidigt worden zu sein (Schikane). Auf der Seite der Täter gaben circa 18 Prozent (2007) der Schüler/innen zu, in den letzten zwei Monaten mindestens »ein- bis zweimal« jemanden über das Internet oder Handy beleidigt zu haben (Schikane; 2009 wurden zu dieser Frage keine Ergebnisse berichtet).

Unsere Befragungen an der WWU Münster

Seit dem Jahr 2009 haben wir eine Serie von Befragungen zum Thema Cybermobbing an der Westfälischen Wilhelms-Universität (WWU) Münster durchgeführt. Unsere Befragungen fokussieren einerseits auf Schüler/innen, die kurz vor Beendigung ihrer Schullaufbahn stehen, und andererseits auf Schüler/innen, die die Sekundarstufe I besuchen. Diese Gruppen, aber auch Schüler/innen anderer Altersgruppen, Eltern und Lehrer/innen wurden und werden von uns zum Thema Cybermobbing befragt. Darüber hinaus führen wir experimentelle Studien zum Thema Cybermobbing durch. An dieser Stelle berichten wir ausgewählte Ergebnisse.

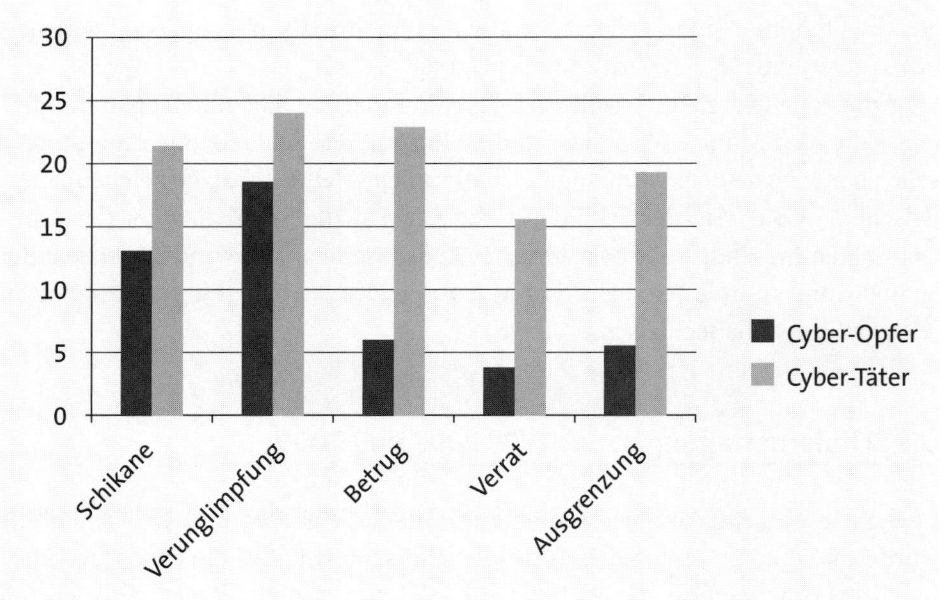

Abb. 4: Ergebnisse der Hochschultag-Befragung 2009 in Prozent – Cybermobbing aufgeteilt nach Art des Cybermobbings und nach Cyber-Opfern sowie Cyber-Tätern

Befragung am Hochschultag 2009 der WWU Münster

Am Hochschultag 2009 der WWU Münster wurden Schüler/innen mithilfe eines Online-Fragebogens befragt (Pieschl/Urbasik eingereicht; Urbasik 2010). An der Befragung nahmen 416 Schüler/innen teil, die im Durchschnitt 18 Jahre alt und überwiegend weiblich waren; zum größten Teil besuchten diese Schüler/innen die gymnasiale Oberstufe. Sie wurden jeweils gefragt, wie häufig die verschiedenen Arten von Cybermobbing – Schikane, Verunglimpfung, Betrug, Verrat und Ausgrenzung – bei ihnen in den letzten zwei Monaten vorgekommen sind. Als Antwortmöglichkeiten standen die Optionen »nie«, »ein- bis zweimal«, »mehrmals pro Monat«, »einmal pro Woche« und »mehrmals pro Woche« zur Verfügung.

Insgesamt gaben 35 Prozent der Schüler/innen an, in den letzten zwei Monaten mindestens »ein- bis zweimal« Opfer von Cybermobbing geworden zu sein, und 55 Prozent gaben an, in den letzten zwei Monaten mindestens »ein- bis zweimal« als Täter aktiv gewesen zu sein. Es zeigte sich, dass die Opfer von Cybermobbing am häufigsten von Schikane und Verunglimpfung berichteten; die Täter von Cybermobbing berichteten dagegen von fast allen Arten von Cybermobbing gleichermaßen (vgl. Abb. 4).

Weitere Befragungen der WWU Münster

In einer repräsentativen Umfrage durch Forsa (Techniker Krankenkasse 2011) haben wir 1000 Schüler/innen aus Nordrhein-Westfalen im Alter von 14 bis 20 Jahren telefonisch befragen lassen. Insgesamt waren 36 Prozent mindestens einmal Opfer von Cybermobbing, und 22 Prozent der Schüler/innen konnten sich (zumindest potenziell) vorstellen, das Internet zu nutzen, um andere absichtlich zu beleidigen, zu bedrohen, bloßzustellen oder zu belästigen und so als Täter aufzutreten. Die Antworten der Opfer von Cybermobbing zeigten, dass Schikane (22 Prozent), Verunglimpfung (15 Prozent) und Betrug (11 Prozent) relativ häufig, Verrat (4 Prozent) und Ausgrenzung (6 Prozent) dagegen deutlich seltener vorkamen.

Im Rahmen unserer Präventionsarbeit an Schulen haben wir Schüler/innen der 5. und 6. Klassen systematisch zum Thema Cybermobbing befragt. An dieser Befragung nahmen 306 Schüler/innen teil. Insgesamt gaben 19 Prozent der Schüler/innen an, in den letzten zwei Monaten mindestens einmal Opfer von Cybermobbing gewesen zu sein, und 16 Prozent gaben an, in den letzten zwei Monaten mindestens einmal als Täter von Cybermobbing aktiv gewesen zu sein.

Auf der Internetseite www.praevention-medienkompetenz.de können sie sich über weitere aktuelle Studien der WWU Münster zum Thema informieren.

Weitere deutsche Befragungen

Im Jahr 2007 wurde von Psychologen der Freien Universität Berlin eine Pilotstudie zum Thema Cybermobbing durchgeführt (Schultze-Krumbholz/Scheithauer 2009). An dieser Fragebogenuntersuchung nahmen 71 Schüler/innen der Klassenstufe 7, 8 und 10 eines Berliner Gymnasiums teil. 16 Prozent der Schüler/innen gaben an, schon einmal Opfer von Cybermobbing gewesen zu sein, und 17 Prozent gaben an, schon einmal als Täter aktiv gewesen zu sein.

Eine weitere Studie zum Thema Cybermobbing wurde von Mitarbeitern der Universität Kiel im Jahr 2008 durchgeführt (Staude-Müller/Bliesener/Nowak 2009). An dieser Online-Untersuchung nahmen 1277 Schüler/innen und junge Erwachsene zwischen 8 und 22 Jahren teil, im Durchschnitt waren die Teilnehmer/innen 16 Jahre alt. Sie wurden gefragt, wie häufig verschiedene Arten von Cybermobbing in den letzten drei Monaten bei ihnen vorkamen. Ihre Antworten zeigten, dass Schikane (18 Prozent) und Verunglimpfung (21 Prozent) relativ häufig, Betrug (9 Prozent) und Verrat (7 Prozent) dagegen deutlich seltener vorkamen.

Zusammenfassung und Fazit

In allen Befragungen wird deutlich, dass Cybermobbing ein Phänomen ist, das einen substanziellen Anteil deutscher Schüler/innen betrifft. Die Ergebnisse deutscher Befragungen stimmen im Wesentlichen mit internationalen Ergebnissen überein: Je nach Art des abgefragten Cybermobbings sind in Deutschland zwischen 4 und 36 Prozent der Schüler/innen Opfer von Cybermobbing, und zwischen 15 und 55 Prozent der Schüler/innen sind Täter von Cybermobbing. Darüber hinaus steigt das Bewusstsein aller Betroffenen für Cybermobbing. Beispielsweise geben 25 Prozent der deutschen Schüler/innen an, dass sie Cybermobbing für eine der drei größten Gefahren im Internet halten (Medienpädagogischer Forschungsverbund Südwest 2010). Zusätzlich berichten 58 Prozent der deutschen Lehrer/innen, dass Cybermobbing in den letzten zwei Jahren an ihrer Schule zugenommen hat (Jäger/Fischer/Riebel 2007). Diese Situation macht deutlich, dass Konzeptionen für gute Präventionsmaßnahmen gegen Cybermobbing dringend erforderlich sind.

2.4 Gibt es Risikofaktoren für Cybermobbing?

Es ist eine offene Frage, ob alle Schüler/innen gleichermaßen gefährdet sind, Erfahrungen mit Cybermobbing zu machen, oder ob es »typische« Opfer oder Täter von Cybermobbing gibt. Im Bereich des Mobbings konnten erfolgreich spezielle Risikogruppen von Schüler/innen identifiziert werden. Im Bereich des Cybermobbings steht die Erforschung dieser Frage dagegen noch am Anfang. Hier werden einerseits Faktoren untersucht, die sich beim Mobbing als relevant herausgestellt haben, andererseits werden auch Faktoren beachtet, die spezifisch für die Nutzung des virtuellen Raums und somit nur für Cybermobbing relevant sind.

Wichtig ist, bei allen im Folgenden vorgestellten Ergebnissen zu beachten, dass bisher keine Kausalität, sondern lediglich Zusammenhänge festgestellt werden konnten. Schüler/innen werden also nicht eher Opfer von Cybermobbing, *weil* sie viel Zeit im Internet verbringen, sondern es besteht eine überzufällig starke Beziehung zwischen der im Internet verbrachten Zeit und Cybermobbing. Es könnte auch sein, dass ein weiterer Faktor beide Variablen beeinflusst, beispielsweise die Anzahl der Freunde im realen Leben. Daraus folgt, dass die Unterteilung in Risikofaktoren einerseits und Folgen andererseits (vgl. Kapitel 2.5, S. 31 ff.) relativ willkürlich und nicht empirisch abgesichert ist.

Darüber hinaus sehen wir Risiko- und Schutzfaktoren als ein Kontinuum. Was in einer extremen Ausprägung ein Risikofaktor ist, kann in der anderen extremen Ausprägung einen Schutzfaktor darstellen. In dem hier genannten Beispiel wäre viel im Internet verbrachte Zeit ein Risikofaktor und dementsprechend wenig im Internet verbrachte Zeit ein Schutzfaktor gegen Cybermobbing. Des Weiteren ist wichtig zu beachten, dass die gleichen Faktoren für Erfahrungen als Täter und als Opfer von Cybermobbing relevant sein können. Beim Feststellen einer Beziehung werden beispielsweise nur die Opfer von Cybermobbing mit den »Nicht-Opfern« verglichen und nicht mit den Tätern von Cybermobbing – vor allem weil sich die Gruppen der Opfer und Täter von Cybermobbing stark überschneiden.

Risikofaktoren für Mobbing und Cybermobbing

Opfer von Cybermobbing zeichnen sich durch folgende Charakteristika aus, die auch für Opfer von Mobbing relevant sein können (Gradinger/Strohmeier/Spiel 2009; Katzer/Fetchenhauer/Belschak 2009a; Schulze-Krumbholz/Scheithauer 2009; Sourander et al. 2010; Utsumi 2010; Vandebosch/Van Cleemput 2009):

- Sie sind selbst häufig Täter bei Mobbing in der Schule,
- sie besitzen eine hohe (relationale) Aggressivität,
- sie haben weniger Empathie als Gleichaltrige,
- sie haben viele Problemen mit Gleichaltrigen,
- sie haben viele Probleme innerhalb ihrer Familie,
- ihre Eltern sind häufig ängstlich um sie bemüht,
- sie haben geringes Selbstvertrauen und
- sie weisen viele depressive und psychosomatische Symptome auf.

Täter von Cybermobbing zeichnen sich durch folgende Charakteristika aus, die auch für Täter von Mobbing relevant sein können (Ang/Goh 2010; Calvete et al. 2010; Katzer/Fetchenhauer/Belschak, 2009b, Schulze-Krumbholz/Scheithauer 2009; Sourander et al. 2010; Utsumi 2010; Ybarra/Mitchell 2004):

- Sie besitzen hohe Aggressivität und eine positive Einstellung zur Gewalt,
- sie haben mehr persönliche Erfahrung mit Gewalt,
- sie haben weniger Empathie als Gleichaltrige,
- sie haben häufig eine negative Eltern-Kind-Beziehung,
- sie haben häufig wenig Unterstützung durch Gleichaltrige,
- sie weisen viele hyperaktive und psychosomatische Symptome auf,
- sie zeichnen sich häufig durch Delinquenz, Rauchen und Trinken von Alkohol aus und
- sie zeigen häufiger generelle Verhaltensprobleme wie Schulschwänzen.

Für andere Faktoren, die als Risikofaktoren für Mobbing gelten, konnte die Beziehung zu Cybermobbing bisher nicht konsistent belegt werden. Beispielsweise konnte man bisher keine einheitlichen Ergebnisse für das Geschlecht der Schüler/innen finden. In einigen Studien zeigten sich Jungen eher gefährdet, Täter von Cybermobbing zu werden (Gradinger/Strohmeier/Spiel 2009; Huang/Chou 2010; Smith et al. 2008; Li 2006), während die Mehrheit der Studien keine signifikanten Beziehungen finden konnte (Hinduja/Patchin 2008; Tokunaga 2010).

Ähnlich unterschiedliche Effekte zeigten sich beim Alter der befragten Schüler/innen. Teilweise berichteten jüngere Schüler/innen von mehr Cybermobbing (Slonje/Smith 2008), teilweise berichteten ältere Schüler/innen von mehr Cybermobbing, zumindest auf der Seite der Opfer (Ševčiková/Šmahel 2009). Beim Vergleich aller bisher publizierter Studien kann man zu dem Schluss kommen, dass es wahrscheinlich einen kurvenförmigen Zusammenhang zwischen Alter und Cybermobbing gibt: Cybermobbing nimmt circa bis zur 7. oder 8. Klasse rapide zu und danach wieder langsam ab (Tokunaga 2010).

Spezifische Risikofaktoren für Cybermobbing

Opfer von Cybermobbing zeichnen sich durch folgende Charakteristika aus, die nur bei Cybermobbing relevant sind (Erdur-Baker 2010; Hinduja/Patchin 2008; Huang/Chou 2010; Katzer/Fetchenhauer/Belschak 2009a; Schulze-Krumbholz/Scheithauer 2009; Staude-Müller/Bliesener/Nowak 2009; Utsumi 2010; Vandebosch/Van Cleemput 2009):

- Sie sind selbst häufig Täter von Cybermobbing,
- sie besitzen ausgeprägte Computerkenntnisse,
- sie verbringen viel Zeit im Internet und nutzen häufig Kommunikationstechnologien wie Instant Messenger oder Chat,
- sie betreiben ein aktives Profil in einem sozialen Netzwerk,
- sie sind in Chaträumen häufig wenig populär,

- sie sind häufig vom Internet abhängig und
- sie zeigen ein ausgeprägtes Risikoverhalten im Internet, beispielsweise indem sie extreme Chaträume (z. B. mit fremdenfeindlichen oder sexualisierten Inhalten) besuchen, im Chat manipulatives Verhalten zeigen oder lügen und insgesamt viele persönliche Daten im Internet preisgeben.

Täter von Cybermobbing zeichnen sich durch folgende Charakteristika aus, die nur bei Cybermobbing relevant sind (Erdur-Baker 2010; Hinduja/Patchin 2008; Katzer/Fetchenhauer/Belschak 2009b; Schulze-Krumbholz/Scheithauer 2009; Staude-Müller/Bliesener/Nowak 2009; Smith et al. 2008; Utsumi 2010; Vandebosch/Van Cleemput 2009):

- Sie sind selbst häufig Opfer von Cybermobbing,
- sie besitzen ausgeprägte Computerkenntnisse,
- sie verbringen viel Zeit im Internet und nutzen häufig Kommunikationstechnologien,
- sie sind wenig in Chatcliquen integriert und
- sie zeigen ausgeprägtes Risikoverhalten im Internet, beispielsweise indem sie extreme Chaträume (s. o.) besuchen, sich sozial manipulativ im Chat verhalten oder dort lügen.

In unserer Studie am Hochschultag 2009 der WWU Münster fanden wir darüber hinaus Zusammenhänge mit den von den Schüler/innen präferierten Reaktionen auf Cybermobbing (Pieschl/Urbasik eingereicht): Wenn Täter von Cybermobbing Opfer von Cybermobbing werden, so bevorzugen sie die Strategie »Zurückmobben« und bleiben selten passiv.

Für andere Faktoren sind die Ergebnisse weniger eindeutig. Beispielsweise war die elterliche Kontrolle der Internetnutzung in einigen Studien ein Schutzfaktor gegen Cybermobbing (Utsumi 2010), während diese Variable in anderen Studien keine Beziehung mit Cybermobbing aufwies (Mesch 2009).

Zusammenfassung und Fazit

Trotz aller bisher aufgedeckter Risikofaktoren gibt es keine Methode, Cybermobbing sicher vorherzusagen. Es kann alle Schüler/innen treffen, die neue Informations- und Kommunikationstechnologien nutzen. Neben den bekannten Risikofaktoren für Mobbing scheint besonders ein multiples Risikoverhalten im Internet entscheidend dafür zu sein, ob und wie stark man von Cybermobbing betroffen ist (Staude-Müller/Bliesener/Nowak 2009). Daher sollten Präventionsmaßnahmen, die auf die Vermittlung von Medienkompetenz zielen, Erfolg versprechend sein.

Wenn man die Häufigkeit von Cybermobbing in Deutschland betrachtet, stellt sich die Frage, ob es sich um ein »harmloses und normales« Phänomen im Jugendalter handelt oder ob Cybermobbing ernst zu nehmende Konsequenzen hat.

In der medialen Berichterstattung und in der wissenschaftlichen Diskussion finden sich immer wieder Einzelfälle, in denen Suizide von Jugendlichen ursächlich auf Cybermobbing zurückgeführt werden (Campbell 2007; Dambach 2011; Fawzi 2009; Hinduja/Patchin 2010). Neben der Gewalt gegen die eigene Person wird Cybermobbing auch mit exzessiver Gewalt und Drohungen gegen andere in Verbindung gebracht, z. B. in Form von »Amokläufen« oder deren Ankündigung. Auch wenn solche Schlüsse hinsichtlich der unmittelbaren Auswirkungen von Cybermobbing naheliegend scheinen, ist es doch deutlich zu kurz gegriffen und fern jeder wissenschaftlicher Bestätigung, solche Auswüchse monokausal zu erklären.

Dennoch bleibt Cybermobbing fast nie folgenlos, weder für Opfer noch für Täter noch für die gesamte Gruppe. Wichtig ist, bei allen im Folgenden vorgestellten Ergebnissen zu beachten, dass bisher keine Kausalität, sondern lediglich Zusammenhänge festgestellt werden konnten. Daraus folgt, dass die Unterteilung in Risikofaktoren einerseits und Folgen andererseits relativ willkürlich und nicht empirisch abgesichert ist (vgl. Kapitel 2.4, S. 28 ff.).

Folgen für die Opfer

Werden Schüler/innen Opfer von Cybermobbing, erzählen sie häufig niemandem oder lediglich ihren engsten Freundinnen und Freunden davon (vgl. Kapitel 2.6, S. 36 ff.). Die Opfer von Cybermobbing stehen daher häufig sozial isoliert und mit ihren Sorgen allein da, was Gefühle der Hilflosigkeit nach sich ziehen kann. Insbesondere dann, wenn Cybermobbing über längere Zeit anhält oder über einen kurzen Zeitraum sehr intensiv vorkommt, kann diese Situation zu weiteren negativen Konsequenzen für die Opfer führen.

Es gibt Argumente, die dafür sprechen, dass Cybermobbing schwerwiegendere Folgen als Mobbing in der Schule haben kann (Campbell 2007). Einerseits konnte man zeigen, dass verbales Mobbing – wie es auch bei Cybermobbing zu finden ist – häufig negativere Konsequenzen nach sich zieht als physisches Mobbing (Keith/Martin 2005; Reid/Monsen/Rivers 2004). Andererseits führt die öffentliche Verbreitung von Cybermobbing dazu, dass Opfer es ähnlich wahrnehmen, als wenn sie im Fernsehen oder in der Bild-Zeitung öffentlich verhöhnt würden (Fawzi 2009). Beispielsweise zeigte sich, dass Opfer von Cybermobbing sich besonders durch die (öffentliche) Verbreitung von Fotos und Videos belastet fühlen (Smith et al. 2008). Die öffentliche diskreditierende Darstellung einer Person kann letztendlich sogar negative Folgen für das spätere Berufsleben haben (Fawzi 2009).

Wenn man Folgen von Cybermobbing empirisch untersucht, kann man entweder die betroffenen Schüler/innen direkt nach ihren persönlichen Einschätzungen fragen, oder man vergleicht Opfer von Cybermobbing mit Schüler/innen, die keine Opfer von Cybermobbing sind. Fragt man Opfer von Cybermobbing direkt, so zeigt sich folgendes Bild: Gut 20 Prozent der Betroffenen fühlt sich ernsthaft durch Cybermobbing belastet (Finkelhor/Mitchell/Wolak 2000; Ybarra 2004), ein noch größerer Anteil berichtet von mäßiger Belastung. Diese Opfer von Cybermobbing berichten von einer großen Spannweite negativer Emotionen. Beispielsweise fühlen sie sich häufig frustriert, wütend, traurig oder hilflos (Ortega et al. 2009; Patchin/Hinduja 2006; Raskauskas/Stoltz 2007; Spears et al. 2009). Demgegenüber berichten 22 Prozent der Schüler/innen, dass es sie nicht belastet hat, ein Opfer von Cybermobbing gewesen zu sein (Patchin/Hinduja 2006).

Vergleicht man Opfer von Cybermobbing mit anderen Schüler/innen, so zeigt sich über alle Befragten hinweg eine Reihe von negativen *psychosozialen Folgen:* Opfer von Cybermobbing besitzen weniger Selbstbewusstsein, zeigen mehr depressive Symptome, mehr soziale Ängste, mehr suizidale Gedanken, generell mehr affektive Störungen, und sie konsumieren häufiger Drogen (Gradinger/Strohmeier/Spiel 2009; Hinduja/Patchin 2010; Klomek/Sourander/Gould 2010; Tokunaga 2010; Ybarra 2004; Ybarra/Mitchell 2004). Cybermobbing kann darüber hinaus zu einer Reihe von Gesundheitsproblemen und Stressreaktionen führen, die sich kaum von Mobbingfolgen unterscheiden (Raskauskas/Stoltz 2007). Diese emotionalen Belastungen können sich in psychosomatischen Beschwerden, insbesondere Kopf- und Bauchschmerzen äußern.

Außerdem zeigen sich *Folgen für die sozialen Beziehungen und den Schulalltag:* Opfer von Cybermobbing haben mehr Probleme bei der sozialen Anpassung in Gruppen (Ybarra 2004) und verhalten sich häufiger delinquent (Tokunaga 2010; Ybarra/Mitchell 2004). Dies zeigt sich auch in der Schule: Opfer von Cybermobbing können sich schlechter konzentrieren und zeigen schlechtere akademische Leistungen, sie haben mehr Fehlzeiten, müssen häufiger nachsitzen, besitzen eine negativere Einstellung gegenüber der Schule und dem schulischen Umfeld und nehmen die Schule als unsicherer war (Tokunaga 2010; Ybarra/Mitchell 2004a).

Eine weitere Folge von Cybermobbing kann sein, dass aus Opfern Täter werden (Haynie et al. 2001; Veenstra et al. 2005). Nicht wenige Opfer von Cybermobbing versuchen, sich durch digitale Attacken zu wehren. Ein solches Verhalten kann zu einer Zuspitzung des Problems Cybermobbing führen (vgl. Kapitel 2.6, S. 36 ff.). Darüber hinaus gehen Opfer von Cybermobbing häufig mit den Menschen in ihrem Umfeld aggressiver um und laufen daher eher Gefahr, auch im Leben außerhalb des virtuellen Raums Opfer von Mobbing zu werden (Hinduja/Patchin 2007).

Dem Umfeld von Cybermobbing-Opfern fällt häufig auf, dass diese plötzlich ihr Verhalten ändern. Konkret kann sich das darin äußern, dass Schüler/innen plötzlich aufhören, den Computer zu nutzen, ängstlich erscheinen, wenn sie Nachrichten auf dem Computer oder dem Handy empfangen, nach Nutzung des Computers bedrückt oder angespannt wirken, nicht darüber reden, was sie am Computer machen, nicht mehr in die Schule oder nach draußen gehen möchten oder sich von Freundinnen, Freunden und der Familie zurückziehen (Diamanduros/Downs/Jenkins 2008). Diese Hinweise können von Eltern und Lehrer/innen zur Identifizierung potenzieller Opfer von Cybermobbing genutzt werden.

Folgen für die Täter

Cybermobbing hat in vielen Fällen auch Konsequenzen für die Täter, deren Tragweite ihnen häufig nicht einmal in Ansätzen bewusst ist.

Kurzfristig können Täter – in entsprechenden sozialen Umfeldern – für ihr Handeln belohnt werden. Das Schikanieren von anderen kann als »cool« angesehen werden. Beispielsweise berichtet die Mehrheit der Täter von Cybermobbing, dass sie ihren Freundinnen und Freunden davon erzählt haben (Porsch 2010), höchstwahrscheinlich um damit anzugeben und diese als Assistenten und Verstärker zu gewinnen. Darüber hinaus können sie beim Cybermobbing Spaß erleben, und es kann ihnen Freude bereiten, sich machtvoll über ein Opfer zu erheben.

Trotzdem zeigen empirische Studien, dass es zumindest langfristig auch negative Konsequenzen für Täter von Cybermobbing gibt. Beispielsweise weisen Täter von Cybermobbing im Vergleich zu anderen Schüler/innen ein niedrigeres Selbstbewusstsein, häufigere suizidale Gedanken, mehr depressive Symptome, ein stärkeres delinquentes Verhalten und häufigeres Versagen in der Schule auf (Hinduja/Patchin 2010; Ybarra/Mitchell 2004). Eine weitere potenziell negative Folge ist, dass aus Tätern häufig Opfer von Cybermobbing werden.

Weitere negative Konsequenzen für die Täter ergeben sich primär aus den Reaktionen des Umfelds auf Cybermobbing: Wenn Opfer die Täter von Cybermobbing korrekt identifizieren, können Maßnahmen gegen die Täter ergriffen werden (Diamanduros/Downs/Jenkins 2008). Mitschüler/innen, Eltern oder Lehrer/innen können einen Täter von Cybermobbing teilweise auch ohne Hilfe des Opfers durch Hinweisreize identifizieren: Dem Umfeld von Cybermobbing-Tätern fällt häufig auf, dass diese plötzlich ihr Verhalten ändern. Konkret kann sich das darin äußern, dass diese Schüler/innen schnell Computeranwendungen schließen, sobald jemand vorbeikommt, dass sie übermäßig viel den Computer nutzen (auch in der Nacht) und sich übermäßig stark darüber aufregen, wenn sie den Computer nicht nutzen dürfen, dass sie übermäßig lachen, während sie den Computer nutzen, dass sie es vermeiden, über ihre Computernutzung zu reden, und dass sie mehrere Nutzerkonten bei Internetanwendungen haben, auch solche von anderen (fiktiven) Personen (Diamanduros/Downs/Jenkins 2008).

In all diesen Fällen können Opfer von Cybermobbing, Mitschüler/innen, Lehrer/innen oder Eltern pädagogische oder strafende Maßnahmen für den Täter einleiten. Dabei ist ein Täter-Opfer-Ausgleich noch die harmloseste Variante, bei der der Täter versuchen soll, eine Wiedergutmachung für sein Cybermobbing zu leisten. Die Maßnahmen können auch bis zum Klassen- oder Schulwechsel der Täter von Cybermobbing reichen.

Während solche Risiken von den Tätern mitunter noch einkalkuliert werden, wird oft unterschätzt, dass Cybermobbing *juristische Konsequenzen* haben kann (Campbell 2007; Diamanduros/Downs/Jenkins 2008). Die nur scheinbare Anonymität der Täter im Internet (Campbell 2007) kann von Justiz und Polizei häufig aufgehoben werden. Es gibt zwar keinen Straftatbestand »Cybermobbing« in Deutschland (im Gegensatz zu einigen anderen Ländern wie zum Beispiel einem Großteil der US-Bundesstaaten), allerdings vereinigt Cybermobbing einige Handlungen, die sehr wohl bei strafmündigen Tätern (ab 14 Jahren) verfolgt werden können (Dambach 2011). Im deutschen Strafgesetzbuch finden sich die Tatbestände der Beleidigung (§ 185 StGB[3]), üblen Nachrede (§ 186 StGB), Verleumdung (§ 187 StGB), Nötigung (§ 240 StGB) und Bedrohung (§ 241 StGB) sowie seit 2007 auch der Nachstellung (§ 238 StGB) – auch als Stalking bezeichnet. Auch können beim Verrat von Geheimnissen oder dem Einsatz von Tonaufnahmen, Bildern und Videos zum Cybermobbing die Tatbestände der Verletzung der Vertraulichkeit des Wortes (§ 201 StGB), der Verletzung des Briefgeheimnisses (§ 202 StGB) oder der Verletzung des höchstpersönlichen Lebensbereichs durch Bildaufnahmen (§ 201a StGB) in Betracht kommen, außerdem das Recht am eigenen Bild (nach § 22 KunstUrhG[4]) und die Gewaltdarstellung (§ 131, Abs. 1 StGB). Selbst bei technisch unkomplizierten Cybermobbing-Attacken wie z. B. der Veröffentlichung eines peinlichen Bildes des Opfers im Internet, versehen mit einigen beleidigenden Kommentaren, kommt eine Reihe der oben aufgeführten Straftatbestände in Betracht, die durchweg mit empfindlichen Freiheits- und Geldstrafen belegt werden können. Auch die Betreiber von Foren und Blogs, über die Cybermobbing stattfindet, können mitunter für dortige Inhalte zur Verantwortung gezogen werden (Volkmer/Singer 2007).

Neben der strafrechtlichen Seite droht Tätern auch, zivilrechtlich angegangen zu werden (§§ 823, 1004 BGB[5]). Ab dem siebten Lebensjahr sind Kinder – bzw. ihre gesetzlichen Vertreter – zivilrechtlich haftbar (§ 828 BGB), auch vorher können – z. B. bei Verletzung der Aufsichtspflicht – Eltern haften. So kann durch eine förmliche Abmahnung die Aufforderung ergehen, das konkrete Cybermobbing-Verhalten zu unterlassen und dazu eine entsprechende »Unterlassungserklärung« abzugeben. Ebenso ist das Erlassen einer »einstweiligen Verfügung« gegen die Täter möglich. Die Forderung aus einer Abmahnung kann gegebenenfalls mit einer Unterlassungsklage durchgesetzt werden. Dieses juristische Vorgehen ist üblicherweise mit Anwalts- und Gerichtskosten verbunden, die in der Regel auch ein- oder zurückgefordert werden.

Folgen für die Gruppe

Es gibt bisher keine empirischen Untersuchungen, die die Wirkung von Cybermobbing auf Gruppen zum Gegenstand haben. Dennoch haben bereits etliche Schulen Erfahrungen mit diesem Thema gemacht, und teilweise lassen sich Erkenntnisse aus dem Mobbing in der Schule auf Cybermobbing übertragen.

Kommt es in Gruppen (zum Beispiel einer Schulklasse oder einer ganzen Jahrgangsstufe) zu Fällen von Cybermobbing, können sich soziale Strukturen verstärken, in denen individuelle Anerkennung durch das Abwerten anderer erreicht wird. Anerkennung ist ein wichtiges Motiv in der persönlichen Entwicklung der

3 Strafgesetzbuch in der Fassung vom 13.11.1998 (BGBl. I, S. 3322), zuletzt geändert durch Gesetz vom 16.3.2011 (BGBl. I, S. 418).

4 »Gesetz betreffend das Urheberrecht an Werken der bildenden Künste und der Photographie« vom 9.1.1907 (RGBl. I, S. 7), zuletzt geändert durch Gesetz vom 16.2.2001 (BGBl. I, S. 266).

5 Bürgerliches Gesetzbuch in der Fassung der Bekanntmachung vom 2.1.2002 (BGBl. I, S. 42, berichtigt BGBl. 2003 I, S. 738), zuletzt geändert durch Gesetz vom 17.1.2011 (BGBl. I, S. 34).

Schüler/innen. Wenn diese mittels Demütigung anderer erreicht werden kann, sind alternative Formen zum Erhalt von Anerkennung (zum Beispiel gute Leistungen, Hilfsbereitschaft, spannende Hobbys) zunehmend weniger akzeptiert.

Mit der Veränderung der Art und Weise, wie Anerkennung in der Gruppe erzielt wird, kann eine vormals offene Gesprächskultur schnell beeinträchtigt werden, bis hin zum Entstehen einer Atmosphäre der Angst und des gegenseitigen Misstrauens. Dabei ist es nachrangig, ob die Täter in der Klasse bekannt sind oder anonym agieren. Schüler/innen trauen sich immer weniger, in der Gruppe über persönliche Dinge zu sprechen. Die Kommunikation beschränkt sich auf allgemeine Themen und ist in ihrer Art darauf ausgerichtet, möglichst der Gruppennorm zu entsprechen. Schüler/innen versuchen dadurch, ihren Platz in der sozialen Hierarchie zu sichern und sich nicht angreifbar für Mobbing-Attacken zu machen.

Neben den Folgen, die die Schüler/innen direkt betreffen, werden auch Lehrer/innen zunehmend nicht mehr als Autoritäten akzeptiert. Es können sich informelle Autoritäten bilden, die ein bestimmtes Verhalten wie das Mitarbeiten im Unterricht durch Cybermobbing-Attacken sanktionieren.

Schüler/innen bemerken in der Regel all diese Entwicklungen schnell und reagieren darauf. Die Art der Reaktion hängt wesentlich davon ab, wie der Zusammenhalt in der Gruppe ist und ob eine Vorbereitung auf mögliches Cybermobbing stattgefunden hat (Dambach 2011). Wird die Ausgrenzung Einzelner von der Gruppe nicht akzeptiert, ebbt Cybermobbing schnell ab, wenn auch die Folgen für die Opfer durch eine mögliche Verbreitung an einen großen Personenkreis erheblich sein können. In Gruppen kann sich allerdings auch eine negative Dynamik entwickeln, die Cybermobbing aufgreift, verstärkt und mit Mobbing in der Schule flankiert. Als wesentlich für die schützende Wirkung positiven Sozialverhaltens ist die Feedback-Kultur in der Schulklasse betont worden (Dambach 2011). Dies bezieht sich einerseits auf Rückmeldungen zwischen den Schüler/innen, aber auch auf Rückmeldungen zwischen Lehrer/innen und Schüler/innen. Im Umkehrschluss kann eine Folge von Cybermobbing auch der Ausbau oder das Entstehen einer negativen und aggressiven Feedback-Kultur sein.

Zusammenfassung und Fazit

Es gibt ernsthafte negative psychosoziale Folgen von Cybermobbing für die Opfer, die ihrerseits abhängig sind von Ausmaß, Häufigkeit und Dauer von Cybermobbing (Dambach 2011; Tokunaga 2010). Die bleibenden Folgen von Cybermobbing sind deutlich geringer, wenn den Opfern schnell und nachhaltig geholfen werden kann. Auch für die Täter von Cybermobbing können sich Konsequenzen auf pädagogischer, juristischer oder psychosozialer Ebene ergeben. Darüber hinaus hat Cybermobbing ernst zu nehmende negative Folgen für die betroffene Gruppe. Aus all dem lässt sich die Forderung nach erfolgreichen Präventions- und Interventionsmaßnahmen gegen Cybermobbing ableiten. Maßnahmen auf Klassenebene scheinen besonders Erfolg versprechend.

Es gibt keine »richtige« Lösung als Reaktion auf Cybermobbing, und einige Vorschläge und Heuristiken vereinfachen das Problem zu sehr und sind daher eher schädlich (Campbell 2007). Für unterschiedliche Schüler/innen und unterschiedliche Kontexte können sehr verschiedene – manchmal auch mehrere – Bewältigungsstrategien zur Lösung infrage kommen. In einigen Fällen kann es auch sein, dass das Problem Cybermobbing trotz verschiedenster Lösungsversuche nicht gelöst werden kann. Ähnlich pessimistisch sehen Schüler/innen selbst diese Frage. Sie argumentieren, dass man Cybermobbing nicht verhindern oder reduzieren kann, ohne vollständig auf die neuen Informations- und Kommunikationstechnologien zu verzichten (Smith et al. 2008).

Im Folgenden präsentieren wir Daten aus empirischen Studien, die aufzeigen, was Schüler/innen tatsächlich in Fällen von Cybermobbing tun oder tun würden. Darüber hinaus fassen wir die Empfehlungen aus der Literatur zusammen und diskutieren diese kritisch vor dem Hintergrund der empirischen Forschung.

Ignorieren und nichts tun

Eine Strategie, die auf den ersten Blick sinnvoll erscheinen kann, ist es, Cybermobbing zu ignorieren und nichts zu tun (Wong-Lo/Bullock 2011). Cybermobbing findet schließlich »nur« im virtuellen Raum statt. Immerhin 41 Prozent der Schüler/innen würden diese Strategie empfehlen (Smith et al. 2008). Auch unsere eigenen Studien zeigen ähnliche Ergebnisse (Pieschl 2010; Pieschl/Urbasik eingereicht; Urbasik 2010; Urbasik/Pieschl 2010): Schüler/innen gaben an, dass sie als Reaktion auf Cybermobbing wahrscheinlich »ihren Computer oder ihr Handy ausschalten« oder »dem Täter aus dem Weg gehen« würden. Andere Studien zeigen, dass diese Strategien relativ häufig als Reaktion auf Cybermobbing angewandt werden: Opfer von Cybermobbing verlassen häufig die Situation (32 Prozent), tun nichts (25 Prozent) oder halten sich aus dem Internet fern (20 Prozent) (Patchin/Hinduja 2006).

Diese passive Bewältigungsstrategie ist jedoch in den meisten Fällen negativ zu bewerten (Campbell 2007). Sie kann nur dann hilfreich sein, wenn es sich um nicht belastende Cybermobbing-Vorfälle handelt, die keine permanenten Spuren im Internet hinterlassen (Tokunaga 2010; Wong-Lo/Bullock 2011). Beispielsweise kann Ignorieren eine angemessene Reaktion darauf sein, dass man die SMS »Du blöde Sau!« bekommen hat. Aber immer dann, wenn sich das Opfer emotional belastet fühlt, sollte es sich zumindest Hilfe holen. Und immer dann, wenn ein Cybermobbing-Vorfall Spuren im Internet hinterlassen hat, sollte ein Opfer versuchen, diese beseitigen zu lassen. Beispielsweise sollten peinliche Bilder oder Filme nicht öffentlich im Internet zugänglich bleiben, sofern man dies vermeiden kann.

Hilfe holen und anderen von Cybermobbing erzählen

Eine der häufigsten Empfehlungen bei Mobbing und Cybermobbing ist, sich Hilfe und Unterstützung zu holen (Campbell 2007; Wong-Lo/Bullock 2011). Auch die Mehrheit der Schüler/innen selbst (63 Prozent) würde Opfern von Cybermobbing empfehlen, über Vorfälle von Cybermobbing zu reden (Smith et al. 2008), und 40 Prozent der Schüler/innen geben an, sie wüssten, an wen sie sich bei Cybermobbing-Vorfällen wenden sollten (Aricak et al. 2008). Ein Spezialfall des Hilfesuchens ist es, zur Polizei zu gehen. Immerhin 39 Prozent der Schüler/innen würden empfehlen, sich bei Cybermobbing an die Polizei oder andere Autoritäten zu wenden, und 47 Prozent empfehlen in diesem Zusammenhang, die Beweise für Cybermobbing zu sichern (Smith et al. 2008).

Wenn man dagegen reale Opfer von Cybermobbing befragt, so zeigt sich ein anderes Bild: In unseren Studien (Porsch 2010; Urbasik 2010) gaben 23 Prozent der Opfer von Cybermobbing an, dass sie niemandem von den Vorfällen erzählt haben; nur 26 Prozent haben ihren Eltern davon erzählt, nur 6 Prozent ihren Lehrer/innen, aber immerhin 71 Prozent haben ihren Freundinnen und Freunden von Cybermobbing erzählt. Niemand gab an, sich an die Polizei gewendet zu haben. Internationale Befragungen mit jüngeren Opfern von Cybermobbing zeigen im Trend ähnliche Ergebnisse: Opfer von Cybermobbing wenden sich überwiegend an Freundinnen und Freunde (auch aus dem Internet), wenig bis gar nicht an Erwachsene, und ein substanzieller Teil redet mit niemandem über Cybermobbing (Aricak et al. 2008; Patchin/Hinduja 2006; Smith et al. 2008).

Auch wenn man Schüler/innen indirekt fragt, bestätigt sich dieses Bild: In unseren Studien zeigte sich, dass jüngere Schüler/innen immerhin vielleicht »zur Polizei gehen« oder »die Nachricht einem Erwachsenen zeigen« würden (Pieschl 2010; Urbasik 2010; Urbasik/Pieschl 2010). Ältere Schüler/innen gaben dagegen an, dass dies bei ihnen eher unwahrscheinlich sei (Pieschl/Urbasik eingereicht; Urbasik 2010). Insgesamt argumentieren Betroffene häufig, dass sie mit ihren Eltern nicht über Cybermobbing reden könnten, weil sie ein anschließendes Internetverbot durch ihre Eltern befürchteten (Campbell 2007; Tokunaga 2010).

Wir bewerten die aktive Strategie »Hilfe holen« durchgängig positiv. Anderen von Cybermobbing-Vorfällen zu berichten kann die emotionale Belastung durch diese Vorfälle verringern und somit negativen Folgen entgegenwirken (Tokunaga 2010; Wong-Lo/Bullock 2011). Darüber hinaus können andere Personen mit kreativen Ideen bei der Lösung des Problems Cybermobbing helfen. Dabei kennen sich Gleichaltrige häufig gut in den genutzten Informations- und Kommunikationstechnologien aus und können Unterstützung bei technischen Lösungen bieten (siehe den folgenden Abschnitt zu »Technischen Strategien«).

Wir empfehlen trotzdem in jedem Fall auch das Einschalten von Erwachsenen. Häufig können diese mit ausreichend Abstand besser beurteilen, ob weitere Hilfe hinzugezogen werden sollte, beispielsweise die Schulleitung, Beratungslehrer/innen, schulpsychologische Beratungsstellen, Psychologen oder die Polizei (Diamanduros/Downs/Jenkins 2008; Mason 2008; Wong-Lo/Bullock 2011). Eine Psychologin oder ein Psychologe sollte immer dann eingeschaltet werden, wenn sich psychische Folgen beim Opfer zeigen, beispielsweise depressive Symptome

(Campbell 2007; Diamanduros/Downs/Jenkins 2008; vgl. Kapitel 2.5, S. 31 ff.). Die Polizei sollte eingeschaltet werden, wenn es sich um eine Straftat handelt (vgl. Kapitel 2.5, S. 31 ff.), besonders wenn es darum geht, Spuren von Cybermobbing aus dem Internet entfernen zu lassen oder anonyme Täter zu ermitteln (Campbell 2007; Dambach 2011; Diamanduros/Downs/Jenkins 2008; Wong-Lo/Bullock 2011).

In allen Fällen ist es notwendig, dass die potenziellen Helfer möglichst gut nachvollziehen können, was genau passiert ist. Daher sollten betroffene Schüler/innen Cybermobbing-Vorfälle nie löschen, sondern zunächst immer alle »Beweise« sichern (Dambach 2011; Diamanduros/Downs/Jenkins 2008; Wong-Lo/Bullock 2011), beispielsweise indem sie Screenshots oder Ausdrucke von allen Cybermobbing-Vorfällen machen.

Technische Strategien

Es gibt einige technische Strategien, die bei Cybermobbing-Vorfällen empfohlen werden (Tokunaga 2010; Wong-Lo/Bullock 2011). Schüler/innen selbst empfehlen beispielsweise, Nachrichten oder bestimmte Personen in der jeweiligen Anwendung zu blockieren (75 Prozent; Smith et al. 2008). Beispielsweise könnte man in sozialen Netzwerken Täter von Cybermobbing von der Freundesliste nehmen. Eine weitere von Schüler/innen empfohlene Strategie ist das Ändern der eigenen Daten, beispielsweise der eigenen E-Mail-Adresse oder Telefonnummer (57 Prozent; Smith et al. 2008). Weiterhin empfehlen Schüler/innen, den jeweiligen Anbieter der Informations- oder Kommunikationstechnologie zu kontaktieren und Cybermobbing zu melden (31 Prozent; Smith et al. 2008). Beispielsweise könnte man in schülerVZ einen Täter von Cybermobbing melden, und dieser könnte dann von den Betreibern aus schülerVZ gelöscht werden.

In unseren Studien (Pieschl/Urbasik eingereicht; Urbasik 2010; Urbasik/Pieschl 2010) gaben Schüler/innen aller untersuchten Altersstufen an, dass sie wahrscheinlich »die Person beim Anbieter melden« oder »die Person blockieren« würden. Außerdem gaben die Schüler/innen in freien Antworten häufig an, dass sie versuchen würden, die Spuren des Cybermobbings aus dem Internet zu löschen (Urbasik 2010). Allerdings scheint die Bereitwilligkeit, technische Strategien zu nutzen, stark von dem damit verbundenen Aufwand abhängig zu sein: 30 Prozent der Schüler/innen würden Nachrichten und Personen blockieren, während nur 8 Prozent ihre Nutzernamen ändern würden (Aricak et al. 2008).

Bei der Bewertung der technischen Strategien ist eine differenzierte Betrachtung notwendig. Einige dieser Strategien zielen darauf ab, dass Cybermobbing das Opfer nicht mehr erreicht, beispielsweise durch »Ignorieren von Nachrichten oder Personen« oder durch »Wechseln der Nutzernamen« (Dambach 2011). Wenn es um nicht belastende Cybermobbing-Vorfälle geht, die keine Spuren im Internet hinterlassen, sind diese Strategien empfehlenswert (Diamanduros/Downs/Jenkins 2008; Wong-Lo/Bullock 2011). Sie verringern die emotionale Belastung des Opfers. Bei andauerndem Cybermobbing sind diese Strategien allein jedoch unzureichend. Cybermobbing findet weiterhin statt, nur ohne dass das Opfer etwas davon mitbekommt.

Andere technische Strategien zielen darauf ab, den Täter an der Nutzung der jeweiligen Informations- und Kommunikationstechnologie zu hindern oder Spuren von Cybermobbing aus dem Internet zu löschen, beispielsweise indem Täter von Cybermobbing bei schülerVZ oder gemeine Videos bei YouTube gemeldet werden (Dambach 2011; Diamanduros/Downs/Jenkins 2008; Wong-Lo/Bullock 2011). Dazu gibt es bei den meisten Anbietern von Informations- und Kommunikationstechnologien regelrechte Beschwerdesysteme, die teilweise recht kompliziert sein können (Dambach 2011). Diese Strategien sind in jedem Fall empfehlenswert, da sie helfen, die öffentliche Verbreitung der Spuren von Cybermobbing zu verhindern, und dem Täter deutlich signalisieren, dass Cybermobbing nicht ignoriert wird.

Durch die ständige Weiterentwicklung der angebotenen Informations- und Kommunikationstechnologien einerseits und die Bemühungen der Gesetzgeber andererseits erwarten wir eine ständige Weiterentwicklung dieser technischen Strategien. Meist kennen sich Schüler/innen sehr gut mit diesen Möglichkeiten aus.

Strategien gegen den Täter

Es wird häufig empfohlen, sich bei Cybermobbing-Vorfällen direkt an den Täter oder seine Eltern zu wenden (Tokunaga 2010; Wong-Lo/Bullock 2011). Beispielsweise empfehlen 21 Prozent der Schüler/innen, den Täter zum Aufhören aufzufordern, und 20 Prozent empfehlen »Zurückmobben« (Smith et al. 2008). Diese Strategien kommen auch in der Realität häufig vor; beispielsweise fordern 26 Prozent der Opfer von Cybermobbing die Täter tatsächlich auf aufzuhören (Patchin/Hinduja 2006).

Aggressive Bewältigungsstrategien (Riebel/Jäger/Fischer 2009) kommen wahrscheinlich seltener zur Anwendung. Beispielsweise gaben die Schüler/innen in unseren Studien an, dass es sehr unwahrscheinlich sei, dass sie »den Täter beschimpfen oder beleidigen«, »dem Täter mit Schlägen drohen« oder »zurückmobben« würden (Pieschl/Urbasik eingereicht; Urbasik 2010; Urbasik/Pieschl 2010). In freien Antworten zeigten sich in diesen Studien eher lösungsorientierte Strategien: Schüler/innen gaben an, dass sie beispielsweise den Täter von Cybermobbing fragen würden, warum er das gemacht habe, oder versuchen würden, die Situation im realen Leben zu klären (Urbasik 2010).

Wir bewerten alle lösungsorientierten Kontakte zwischen Opfer und Täter positiv. Dazu gehört zunächst, dem Täter deutlich mitzuteilen, dass er mit Cybermobbing aufhören soll (Diamanduros/Downs/Jenkins 2008). In einigen Fällen kann dies allerdings zu vermehrtem Cybermobbing führen (Campbell 2007). Aggressive Kontakte mit dem Täter können zur Eskalation der Situation führen (Dambach 2011), daher raten wir in jedem Fall vom »Zurückmobben« ab (Campbell 2007; Diamanduros/Downs/Jenkins 2008; Mason 2008).

Wenn der Täter von Cybermobbing bekannt ist, ist ein Lösungsversuch im realen Leben sinnvoll. Eine Möglichkeit kann sein, dass das Opfer von Cybermobbing gemeinsam mit seinen Eltern direkt den Täter und dessen Eltern kontaktiert (Diamanduros/Downs/Jenkins 2008; Mason 2008; Wong-Lo/Bullock 2011). Meist ist es aber empfehlenswert, Außenstehende hinzuzuziehen. Falls Opfer und Täter in die gleiche Schule gehen, kann es sich dabei beispielsweise um Klassenlehrer/innen, Beratungslehrer/innen, Schulsozialpädagogen oder Mitarbeiter/innen von schulpsychologischen Beratungsstellen handeln (Wong-Lo/Bullock 2011). Falls diese direkten Kontakte nicht zur Lösung des Problems Cybermobbing führen sollten, kann in einem weiteren Schritt die Polizei hinzugezogen werden (Wong-Lo/Bullock 2011), sofern es sich um eine Straftat handelt.

Zusammenfassung und Fazit

Es wurden ausschließlich reaktive Bewältigungsstrategien diskutiert, die nach einem Cybermobbing-Vorfall zum Einsatz kommen. Da es keine »richtige« Lösung für das Problem Cybermobbing gibt, ist es immer vorzuziehen, aktive Strategien anzuwenden, die schon vorab zur Vermeidung von Cybermobbing beitragen – beispielsweise die Durchführung eines Präventionsprogramms. Falls es dennoch zu Cybermobbing kommen sollte, geben wir folgende Empfehlungen:

- nie »zurückmobben«
- manchmal nichts tun
- manchmal Nachrichten blockieren
- manchmal eigene Konten und Nutzernamen wechseln
- manchmal den Täter von Cybermobbing zum Aufhören auffordern
- manchmal Kontakt im realen Leben suchen
- manchmal zur Polizei gehen
- immer Beweise sichern
- immer den Täter beim Anbieter melden
- immer Hilfe holen
- immer Erwachsenen davon erzählen

2.7 Das Präventionsprogramm »Surf-Fair«

Aus den vorherigen Kapiteln wird deutlich, dass Cybermobbing in Deutschland häufig vorkommt und teilweise schwerwiegende negative Folgen für die betroffenen Schüler/innen hat. Die konzeptuellen Unterschiede und die spezifischen Risikofaktoren für Cybermobbing im Vergleich zu Mobbing legen nahe, dass Präventionsmaßnahmen gegen Mobbing nur bei einem Teil der von Cybermobbing betroffenen Schüler/innen wirken können. Dies unterstreicht den Bedarf an guten Präventionsmaßnahmen gegen Cybermobbing (Campbell 2007; Dambach 2011).

Die vorhandenen Vorschläge zur Prävention von Cybermobbing basieren dagegen meistens auf Präventions- und Interventionsprogrammen gegen Mobbing oder stellen eine eklektische Sammlung von Übungen ohne Gesamtkonzept dar. Keines dieser Programme wurde bisher systematisch auf seine Wirksamkeit hin überprüft (Campbell 2007), auch wenn es erste Erfahrungsberichte von Schüler/innen gibt (Mason 2008). Wir möchten an dieser Stelle ausdrücklich betonen, dass wir die Wirkung anderer Präventionsprogramme gegen Cybermobbing nicht anzweifeln. Es erscheint uns im Gegenteil wünschenswert, dass sich Lehrer/innen über verschiedene Alternativen informieren und jeweils die Präventionsprogramme aussuchen, die für ihre besonderen Anforderungen am besten geeignet scheinen. Eine Übersicht über weitere uns bekannte Präventionsmaßnahmen finden sie in Kapitel 2.8 (S. 46 ff.).

Unser Präventionsprogramm »Surf-Fair« (Pieschl 2010) zeichnet sich besonders dadurch aus, dass es ein konsistentes zugrunde liegendes didaktisches Konzept aufweist, sich ausschließlich gegen Cybermobbing richtet und hierbei vor allem die Stärkung von Medienkompetenz in den Vordergrund stellt und dass es systematisch auf seine Wirksamkeit hin überprüft und verbessert wurde und wird.

Das didaktische Konzept – »Anchored Instruction«

Ein bekanntes Problem in vielen Lehr-Lern-Kontexten ist das sogenannte »träge Wissen«. Hierbei wird zwar etwas gelernt, aber das Gelernte kommt in potenziellen Anwendungssituationen nicht zum Einsatz. Beispielsweise wird in der Schule der Dreisatz im Mathematikunterricht gelernt, aber anschließend nicht auf Alltagsprobleme angewendet. Zur Lösung dieses Problems wurde in den 1990er-Jahren ein neues Unterrichtskonzept entwickelt, dessen Grundidee darin besteht, Lernern einen »Anker« (englisch »anchor«) in Form einer authentischen und komplexen Problemsituation darzubieten (Cognition and Technology Group at Vanderbilt 1992). Dies erfolgt meist in Form eines als Film präsentierten fiktiven Fallbeispiels. Diese Präsentationsform soll den Lernern dabei helfen, sich in eine konkrete und für sie bedeutungsvolle Situation hineinzudenken, und so ihr Interesse wecken. Das Beispiel endet in der Regel mit der Darstellung von Problemen und Herausforderungen für die Protagonisten, die jedoch nicht im Rahmen des Films gelöst werden. Innerhalb der zugehörigen Unterrichtsreihe sollen Lerner eigenständig die angesprochenen Probleme identifizieren, definieren und selbst lösen. Dies impliziert, dass Lerner als aktive Konstrukteure ihres eigenen Wissens verstanden werden und ein Lehrer dies lediglich anregt und unterstützt, aber keine Lösungen vorgibt. Dieses didaktische Konzept haben wir im Präventionsprogramm »Surf-Fair« umgesetzt.

In dem Film »Cybermobbing gegen Max« (Übung 4, S. 59 f.) auf der beiliegenden DVD geht es um einen fiktiven Fall von Cybermobbing: Eines Tages findet der Protagonist Max einen gemeinen Eintrag auf seiner schülerVZ-Pinnwand. In den nächsten Tagen wird er immer häufiger Opfer von Cybermobbing. Bei schülerVZ gibt es ein falsches Profil mit seinem Namen, Beleidigungen, Gerüchten und einem verzerrten Foto. Ein peinlicher Film von Max wird bei YouTube hochgeladen und gemein kommentiert. Auf sein Handy erhält er viele SMS mit Beleidigungen. Max ist verzweifelt, weiß nicht, was er tun kann, und geht nicht mehr gerne an seinen Computer. Seine Gefühle werden durch einen immer dicker werdenden Schriftzug auf seiner Stirn (»Idiot«) visualisiert.

Am Ende des Films sieht man die gesamte Klasse von Max. Auch andere Schüler/innen haben Schriftzüge auf der Stirn (Opfer) und/oder schwarze Hände (Täter). Alle in der Klasse sind bedrückt. An dieser Stelle endet der Film, ohne eine Lösung zu bieten. Dieser Film stellt einen geeigneten »Anker« für das Präventionsprogramm »Surf-Fair« dar. Der Fall ist für Schüler/innen realistisch, da die Hauptdarsteller in ihrem Alter sind und die gleichen Medien wie sie selbst nutzen. Dadurch können sie sich gut in diesen Fall hineindenken und sind motiviert, gute Lösungen für die Probleme zu finden.

Die meisten Übungen des Präventionsprogramms »Surf-Fair« beziehen sich explizit auf den Film und bieten den Schüler/innen somit einen Rahmen, für verschiedene dargestellte Probleme und Herausforderungen Lösungen zu finden. Bei allen Übungen stehen die Meinungen und das Wissen der Schüler/innen selbst im Vordergrund. Die Lehrer/innen müssen daher keine Experten im Umgang mit neuen Informations- und Kommunikationstechnologien oder bezüglich des Themas Cybermobbing sein, sondern ihre Aufgabe ist lediglich, die Schüler/innen mithilfe der vorliegenden Arbeitsmaterialien beim Lernen anzuregen und zu unterstützen.

In den meisten Fällen gibt es keine »einzig richtige« Lösung. Für verschiedene Schüler/innen können unterschiedliche Lösungen angemessen sein. Darüber hinaus ermöglicht die sich schnell verändernde Medienlandschaft immer neue Lösungen. Wichtig ist vor allem, dass die Schüler/innen mögliche Lösungen finden und dabei ihre Mediennutzung kritisch und ethisch reflektieren.

Verschiedene Übungen von »Surf-Fair« legen Schwerpunkte auf unterschiedliche Herausforderungen und Probleme, die im Film angesprochen werden. Somit ermöglichen die Übungen eine Betrachtung des Fallbeispiels aus mehreren Perspektiven. Es gibt Übungen, die auf das Verhalten der Opfer, der Täter und der Zuschauer von Cybermobbing fokussieren. Jedes von Lehrer/innen zusammengestellte »Surf-Fair«-Training sollte möglichst verschiedene Perspektiven enthalten.

Fokus auf Cybermobbing – Stichwort Medienkompetenz

Ein Präventionsprogramm, das sich ausschließlich gegen Cybermobbing und nicht gegen Mobbing richtet, muss sich unweigerlich mit der Nutzung neuer Informations- und Kommunikationstechnologien beschäftigen. Die Betrachtung der spezifischen Risikofaktoren für Cybermobbing legt nahe, dass eine kompetente Nutzung dieser Medien ein wirksamer Schutzfaktor gegen Cybermobbing sein könnte. Aus diesem Grund besteht ein erklärtes Hauptziel des Präventionsprogramms »Surf-Fair« in der Vermittlung von Medienkompetenz (Pieschl 2010).

Medienkompetenz hat mehrere Dimensionen (Baacke 1996; Fawzi 2009), die für unterschiedliche Aspekte von Cybermobbing relevant sind: *Medienkritik* ist im Zusammenhang von Präventionsarbeit am wichtigsten. Darunter versteht man, dass gesellschaftliche Prozesse angemessen erfasst (analytische Ebene), dieses Wissen auf sich selbst angewendet (reflexive Ebene) und dies sozialverantwortlich abgestimmt werden soll (ethische Ebene). Für Cybermobbing könnte dies beispielsweise Folgendes bedeuten: Schüler/innen sollen lernen, dass es bei jeder medial vermittelten Kommunikation reale Menschen als Kommunikationspartner gibt, auch wenn man diese nicht sieht, und dass einmal ins Internet gestellte Daten nur sehr schwierig löschbar sind (analytische Ebene). Schüler/innen sollen dieses Wissen auf sich selbst anwenden, beispielsweise indem sie Filme im Internet nur in vollem Bewusstsein ihrer permanenten und weltweiten Verbreitung veröffentlichen (reflexive Ebene). Und Schüler/innen sollen im Internet sozialverantwortlich handeln, indem sie für medial vermittelte Kommunikation die gleichen sozialen Standards anlegen wie für direkte Kommunikation, beispielsweise sein Gegenüber höflich zu behandeln und nicht zu beleidigen im Sinne von »Was du nicht willst, das man dir tut, das füg auch keinem andern zu« (ethische Ebene). Aus dieser Beschreibung wird deutlich, dass ausgeprägte Medienkritik zur Verringerung von Cybermobbing führen sollte: Schüler/innen sollten weniger Risikoverhalten im Internet an den Tag legen, beispielsweise weniger persönliche Daten im Internet veröffentlichen (Dambach 2011). Dadurch könnte das Risiko gesenkt werden, Opfer von Cybermobbing zu werden. Schüler/innen sollten ihr Verhalten ethisch reflektieren. Dadurch könnte das Risiko gesenkt werden, dass Täter von Cybermobbing gemeine Nachrichten beispielsweise »aus Spaß« verbreiten.

Aber auch die anderen Dimensionen von Medienkompetenz könnten relevant für Cybermobbing sein. *Medienkunde* bezeichnet Kenntnisse über Medien selbst, beispielsweise über ihre Funktionsweise oder Wirkung. Dies umfasst klassische Wissensbestände (z. B. »Was ist schülerVZ?«) und Wissen über die Bedienung von Medien (z. B. »Wie kann ich bei schülerVZ den Zugriff auf meine persönlichen Daten einschränken?«). *Mediennutzung* bezeichnet die Fähigkeit, Medien bedienen und für eigene Anliegen nutzen zu können. Dies kann rezeptive (z. B. Filme auf YouTube ansehen) oder interaktive Formen annehmen (z. B. ein Profil auf schülerVZ erstellen). Unter *Mediengestaltung* versteht man die Nutzung von Medien zur Artikulation der eigenen Meinung oder um sich an gesellschaftlichen Prozessen aktiv zu beteiligen. Mediengestaltung ist in der Regel innovativ und kreativ und geht über die alltägliche Routine der Mediennutzung hinaus.

Wirkt das Präventionsprogramm »Surf-Fair«?

Evaluation befasst sich immer mit der systematischen Bewertung und Überprüfung von Maßnahmen mithilfe empirischer Forschungsmethoden (Bortz/Döring 2002). Sie kann immer nur bezüglich festgelegter Ziele stattfinden. Was sind aber mögliche Ziele eines Präventionsprogramms gegen Cybermobbing?

- Das erste und wichtigste Ziel besteht darin, das Vorkommen von Cybermobbing zu verringern, also in einer Verhaltensänderung der teilnehmenden Schüler/innen. Nach der Teilnahme am Präventionsprogramm »Surf-Fair« sollten weniger Schüler/innen Opfer und Täter von Cybermobbing werden als vor der Teilnahme. Wie ambitioniert dieses Ziel ist, zeigt eine Metaanalyse zur Wirkung von Maßnahmen gegen Mobbing in der Schule, die beschreibt, dass diese Maßnahmen kaum einen Einfluss auf das Mobbingverhalten hatten (Merrell et al. 2008). Für Cybermobbing kommt erschwerend dazu, dass dies ein Phänomen ist, das teilweise über Klassengrenzen hinweg stattfindet, und dass nicht alle involvierten Personen zwingend durch eine Maßnahme im Klassenraum erreicht werden können.

- Ein weiteres Ziel besteht darin, das Wissen über Cybermobbing und über angemessene Bewältigungsstrategien zu erhöhen. Nach der Teilnahme am Präventionsprogramm »Surf-Fair« sollten Schüler/innen genauer wissen, was Cybermobbing ist und welche Reaktionen darauf sinnvoll sein könnten, als vor der Teilnahme. Dieses Ziel scheint realistisch, da in der Metaanalyse von Merrell et al. (2008) gezeigt werden konnte, dass sich Maßnahmen gegen Mobbing in der Schule positiv auf Wissen und Einstellung auswirken. Problematisch ist hierbei allerdings, dass es keine eindeutig richtigen oder falschen Antworten darauf gibt, welche Strategien im Umgang mit Cybermobbing angemessen sind, da jede Situation individuell zu bewerten ist. Wir bewerten aktive (z. B. sich an einen Erwachsenen wenden) und technische (z. B. den Vorfall beim Anbieter melden) Strategien als hilfreich und die Strategie »Zurückmobben« als nicht sinnvoll (vgl. Kapitel 2.6 auf S. 36 ff.).
- Das dritte Ziel besteht darin, dass das Präventionsprogramm »Surf-Fair« von den teilnehmenden Schüler/innen (und Lehrer/innen) als interessant und hilfreich wahrgenommen wird. Nur wenn die Betroffenen selbst Interesse und Spaß an der Beschäftigung mit diesem Thema haben, werden sie etwas lernen. Das kann sich sowohl auf ihre Freude bei der Durchführung selbst beziehen (z. B. »Die Übungen haben Spaß gemacht«) als auch darauf, inwieweit sie selbst glauben, etwas Neues durch das Präventionsprogramm gelernt zu haben.

Um die Erreichung dieser Ziele zu überprüfen, evaluieren wir das Präventionsprogramm »Surf-Fair« bei fast jedem Einsatz in der Praxis. In der Regel füllen die teilnehmenden Schüler/innen vor der Durchführung (prä) und zwei Monate nach der Durchführung (follow-up) einen Fragebogen zum Thema Cybermobbing aus.

Als Beispiel stellen wir an dieser Stelle eine sehr umfangreiche und experimentelle Evaluationsstudie vor, die im Rahmen einer Diplomarbeit durchgeführt wurde (Pieschl 2010; Urbasik 2010; Urbasik/Pieschl 2010). In drei sechsten Klassen wurden jeweils 29 Schüler/innen zum Thema Cybermobbing befragt. In einer Klasse wurde kein Präventionsprogramm durchgeführt (KG = Kontrollgruppe), in einer Klasse wurde »Surf-Fair« in einer Doppelstunde durchgeführt (1 DS), und in der dritten Klasse wurde »Surf-Fair« in zwei Doppelstunden durchgeführt (2 DS). Vor der Durchführung (prä), direkt nach der Durchführung (post) und zwei Monate später (follow-up) füllten die Schüler/innen einen Fragebogen aus, der ihre Cybermobbing-Erfahrung (nur prä und follow-up), ihr Wissen über Cybermobbing und über Bewältigungsstrategien und ihre Bewertung des Präventionsprogramms (nur post und follow-up in den Experimentalklassen) abfragte.

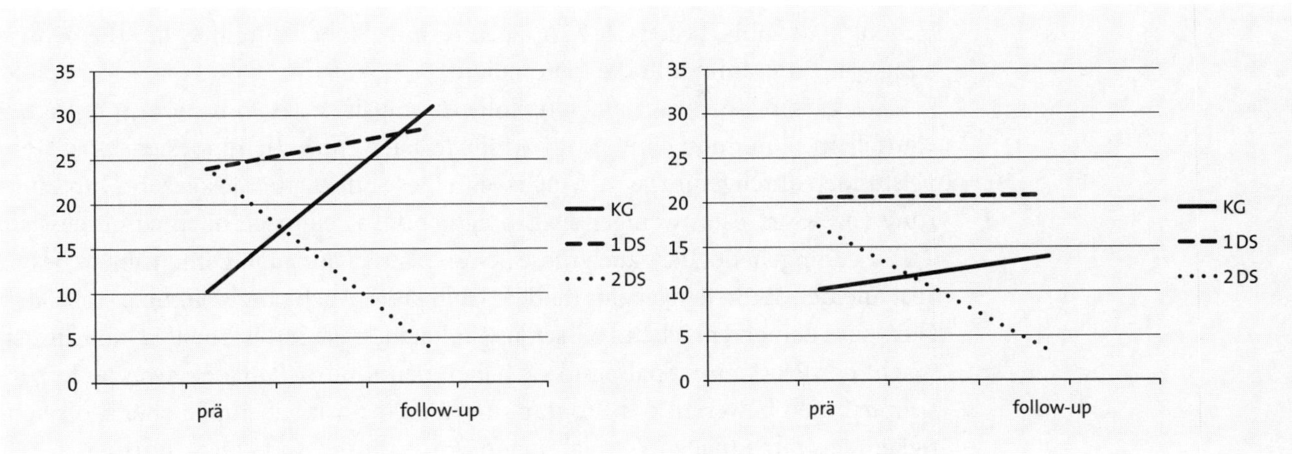

Abb. 5:
Der prozentuale Anteil von Schüler/innen mit Cybermobbing-Erfahrung als Opfer (links) und Täter (rechts) vor und nach der Durchführung des Präventionsprogramms »Surf-Fair«

Bezüglich des Verhaltens gab es ähnliche Muster auf der Opfer- und der Täterseite (vgl. Abb. 5). In der Kontrollklasse (KG) berichten bei der follow-up-Befragung mehr Schüler/innen von Erfahrungen als Opfer und Täter von Cybermobbing als in der vorherigen Befragung (prä). In der Klasse, in der »Surf-Fair« in einer Doppelstunde durchgeführt wurde (1 DS), berichten ungefähr gleich viele Schüler/innen vorher und nachher (prä und follow-up) von Erfahrungen als Opfer und Täter von Cybermobbing. In der Klasse, in der »Surf-Fair« in zwei Doppelstunden durchgeführt wurde (2 DS), berichten deutlich weniger Schüler/innen in der follow-up-Befragung von Erfahrungen als Opfer und Täter von Cybermobbing als vorher (prä). Diese Effekte sind teilweise statistisch signifikant, also überzufällig.

Bezüglich des Wissens über Cybermobbing gab es nur einen signifikanten Effekt, was wahrscheinlich daran lag, dass die Mehrheit der teilnehmenden Schüler/innen schon vorher über Cybermobbing gut Bescheid wusste. Die Klasse, in der »Surf-Fair« in zwei Doppelstunden durchgeführt wurde (2 DS), wusste signifikant besser, was Cybermobbing ist, als die beiden anderen Klassen. Bezüglich des Wissens über angemessene Bewältigungsstrategien bei Cybermobbing gab es signifikante Effekte: Die teilnehmenden Schüler/innen lernten etwas über die Anwendung »technischer« Bewältigungsstrategien, und dieser Effekt war signifikant für die Klasse, in der »Surf-Fair« in zwei Doppelstunden durchgeführt wurde (2 DS).

Bezüglich der persönlichen Bewertung gaben die Schüler/innen im Durchschnitt an, dass sie das Thema Cybermobbing interessant fanden (Mittelwerte: post 4,07 und follow-up 3,84 auf einer Skala von 1 = gar nicht interessant bis 5 = sehr interessant) und dass sie glaubten, viel gelernt zu haben (Mittelwerte: post 4,43 und follow-up 4,21 auf einer Skala von 1 = gar nichts gelernt bis 5 = sehr viel gelernt). Diese Bewertungen fallen signifikant positiver in der Klasse aus, in der »Surf-Fair« in zwei Doppelstunden durchgeführt wurde (2 DS).

Aus anderen Befragungen aus der Praxis wissen wir, dass Schüler/innen dem Präventionsprogramm im Durchschnitt die Schulnote »gut« geben. Offen danach gefragt, was ihnen besonders gut gefallen hat, nennen die Schüler/innen besonders häufig den Film (Übung 4: »Cybermobbing gegen Max«, S. 59 f.), »das Spiel mit den gelben, roten und grünen Karten« (Übung 7: »Ampel«, S. 67 ff.) und das Rollenspiel

(Übung 10: »Mini-Theater«, S. 75 ff.). Lehrer/innen loben durchweg die Themensetzung, das Programm und die Materialien.

Aus diesen Ergebnissen schlussfolgern wir, dass das Präventionsprogramm »Surf-Fair« zumindest dann positive Effekte hat, wenn es in mindestens zwei Doppelstunden durchgeführt wird. Auch wenn diese Effekte für die kürzere Durchführung von »Surf-Fair« weniger ausgeprägt sind, so zeigt sich doch zumindest ein Trend dahingehend, dass auch diese Schüler/innen auf allen Dimensionen besser abschneiden als diejenigen aus der Kontrollklasse. Auch kurze Einsätze von »Surf-Fair« sind dementsprechend besser als gar keine Präventionsarbeit. Schüler/innen macht das Programm Spaß, und sie haben den Eindruck, dabei etwas zu lernen. Lehrer/innen bewerten das Programm ebenfalls positiv, betonen aber die Wichtigkeit der individuellen Zeitplanung in Vorbereitung und Durchführung.

Zusammenfassung und Fazit

Das Präventionsprogramm »Surf-Fair« hebt sich von anderen Präventionsmaßnahmen durch folgende Punkte ab:

- Ein einheitliches didaktisches Konzept steht hinter allen Übungen.
- »Surf-Fair« hat zum Ziel, Medienkompetenz, vor allem Medienkritik zu vermitteln. Das Programm richtet sich damit ausschließlich gegen Cybermobbing.
- Außerdem haben wir große Teile des Präventionsprogramms »Surf-Fair« systematisch evaluiert und konnten größtenteils positive Effekte auf das Cybermobbing-Verhalten und auf das Wissen der teilnehmenden Schüler/innen feststellen. Darüber hinaus bewerten die meisten Schüler/innen und Lehrer/innen das Präventionsprogramm »Surf-Fair« und die dazugehörigen Arbeitsmaterialien positiv.

2.8 Material und Anlaufstellen zur Prävention von Cybermobbing

Im Folgenden haben wir ausgewählte Quellen zum Thema Prävention von Cybermobbing zusammengestellt und kommentiert (in alphabetischer Reihenfolge; Stand Anfang April 2011).

Digizen

Auf dieser englischsprachigen Website (www.digizen.org) gibt es unter der Rubrik »Resources« den sehr guten Film »Let's fight it together« über einen fiktiven Cybermobbing-Fall. Dieser öffentlich zugängliche Film stellt unserer Meinung nach eine gute Alternative zu unserem Film dar, vor allem wenn man das Thema Cybermobbing im Englischunterricht behandeln möchte. Darüber hinaus kann ein dazugehöriger »teacher's guide« heruntergeladen werden, in dem eine Unterrichtseinheit gegen Cybermobbing beschrieben wird.

Jugendinfo

Auf der Website des ServiceBureau Jugendinformation der Stadt Bremen (http://jugendinfo.de) kann man unter der Rubrik »Topthemen« und »Cyberbullying« die sogenannte »Cyberbullying-Broschüre« herunterladen. Dort sind das Thema Cybermobbing und angemessene Bewältigungsstrategien sehr verständlich für Schüler/innen erklärt. Wir empfehlen, am Ende des Präventionsprogramms »Surf-Fair« diese Broschüre auszuteilen.

Juuuport

Bei Juuuport (www.juuuport.de) handelt es sich um eine von Jugendlichen für Jugendliche betriebene Internetplattform, auf der Jugendliche Hilfe bei allen Themen rund um das Internet finden können. Bestimmte Themen werden in öffentlichen Foren diskutiert, aber jeder Jugendliche kann auch direkt Kontakt mit einem »Scout« aufnehmen, der ihn beispielsweise bei einem Cybermobbing-Vorfall berät.

Klicksafe

Auf dieser deutschen Website (www.klicksafe.de) gibt es sehr gute Informationen für Schüler/innen, Lehrer/innen und Eltern zum Thema Internet. Unter anderem können unter der Rubrik »Materialien« sehr umfassende Unterrichtsmaterialien zu diesem Thema heruntergeladen werden (z. B. »Knowhow für junge User«), außerdem ein Zusatzmodul inklusive Unterrichtsmaterialien zum Thema »Was tun bei Cybermobbing?« sowie eine Linkliste zu anderen Initiativen und Ansprechpartnern. Des Weiteren finden Sie hier Informationen zum sicheren Umgang mit dem Internet im Allgemeinen (z. B. »Wie sollte ein sicheres Passwort aussehen?«).

Polizei

In allen Bundesländern und größeren Städten gibt es Vorbeugungskommissariate und Jugendkommissariate – auch wenn diese teilweise anders heißen können. Die dortigen Mitarbeiter können zur Prävention von Cybermobbing in die Schule eingeladen werden. Überregional finden sich auf den Webseiten der Polizei (www.polizei-beratung.de) weitere Informationen zum Thema Cybermobbing.

Safer Internet

Auf dieser österreichischen Website (www.saferinternet.at) gibt es sehr viele Informationen für Schüler/innen, Lehrer/innen und Eltern zum Thema Internet. Unter anderem kann man dort unter der Rubrik »Für Lehrende« und »Materialien« Unterrichtsmaterialien herunterladen, unter anderem zum Thema »Aktiv gegen Cybermobbing«.

schülerVZ

Die Anbieter von sozialen Netzwerken haben selbst ein Interesse daran, Cybermobbing einzudämmen; wir haben hier beispielhaft das deutsche Netzwerk schülerVZ herausgegriffen. Auf der Website des Netzwerks (www.schuelervz.net) gibt es unter der Rubrik »Eltern und Lehrer« und »Angebote« viele Arbeitsmaterialien zum Thema Internet, unter anderem auch die Arbeitsmappe »Cybermobbing« mit Unterrichtsmaterialien. Darüber hinaus werden unter der Rubrik »Videos« relevante (insbesondere technische) Strategien gegen Cybermobbing erklärt, beispielsweise das »Melden & Ignorieren« in schülerVZ.

Theaterstücke gegen Cybermobbing

Das Theaterstück »click it! 2 Gute Seiten – Schlechte Seiten« (www.zartbitter.de) richtet sich gegen Cybermobbing und sexuelle Gewalt im Internet. Die Hauptfigur Captain@Sorglos erlebt das Internet als sicher und ungefährlich und möchte dies dem Publikum beweisen. Das ändert sich, als seine Freunde Opfer von Cybermobbing werden.

Das Theaterstück »r@usgemobbt« (www.comic-on.de) thematisiert die missbräuchliche Nutzung von Handys und Computern im Kinder- und Jugendalter und richtet sich auch gegen Cybermobbing. Die Protagonisten sind anfangs naiv im Umgang mit dem Computer, bis sie Erfahrungen mit Cybermobbing machen.

Webrespekt

Neben überregionalen Angeboten gibt es auch viele regionale Kampagnen gegen Cybermobbing wie beispielsweise die Kampagne »Webrespekt« aus Köln (www.webrespekt.de). Auf der dortigen Website sind viele Informationen zum Thema Cybermobbing und eine Vorlage zur »Selbstverpflichtung« für Schulklassen gegen Cybermobbing zu finden.

Sonstiges: Glossare und Lexika

Für die Diskussion mit Schüler/innen und für die Durchführung des Programms »Surf-Fair« ist es sinnvoll, sich über einige (zum Teil technische) Bezeichnungen rund um die Neuen Medien zu informieren, wenn Ihnen diese noch nicht bekannt sind. Die Beschreibung einer Auswahl der Begriffe in diesem Buch ist nicht sinnvoll, da sich Inhalte und Schwerpunkte fortlaufend ändern. Im Internet finden sich umfangreiche und aktuelle Übersichten zu Begriffen rund um Internet, Handy und die Neuen Medien im Allgemeinen, zum Beispiel die Folgenden:

- www.zeix.ch/de/lexikon (Internet-Lexikon)
- www.internet-abc.de/kinder/lexikon.php (Internet-Lexikon für Kinder)
- www.handy-deutschland.de/lexikon/index.html (Handy-Lexikon)

3 Das Präventionsprogramm »Surf-Fair«

3.1 Anleitung zur Nutzung des Manuals

Auf den folgenden Seiten stellen wir das Trainingsprogramm »Surf-Fair« vor. Das Programm ist wesentlich mehr als eine Sammlung einzelner Übungen. Es kann in Teilen oder als Ganzes, in Ergänzung einzelner Schulstunden oder für ganze Projektwochen und mit Schwerpunktsetzung auf verschiedene Ziel- und Altersgruppen eingesetzt werden. Es ist als Präventionsprogramm angelegt und besonders dann sinnvoll, wenn es noch nicht oder erst in geringem Maße zu Cybermobbing-Vorfällen gekommen ist. Es ersetzt allerdings keineswegs die Begleitung von Schüler/innen beim Erlernen sozialer Kompetenzen und liefert auch keine Anleitung für konkrete technische Fertigkeiten. Vielmehr zielt es darauf ab, Schüler/innen die Probleme und Folgen von Cybermobbing altersgerecht zu verdeutlichen und aus ihrer Lebenswirklichkeit heraus Lösungsansätze zu entwickeln. Nur so ist es möglich, dass sich das Programm auch unter den Bedingungen der rasanten technischen Weiterentwicklung von Hard- und Software dauerhaft nutzen lässt.

Wenn Sie das Trainingsprogramm durchführen möchten, benötigen Sie dafür keine umfassenden technischen Kenntnisse im Umgang mit modernen Kommunikations- und Informationstechnologien. Es ist allerdings hilfreich, wenn Sie sich zu den zentralen Themen einen Überblick verschaffen. Unabdingbar ist für die Durchführung des Trainingsprogramms, dass Sie entscheiden (und gegebenenfalls ihre Schüler/innen in die Entscheidung mit einbeziehen), welche Ausrichtung und welcher Umfang des Trainings sinnvoll ist. Sie können sich Ausrichtung und Umfang selbst zusammenstellen, da sich die Übungen wie Module (fast) frei kombinieren lassen. Grundsätzlich bietet sich eine Durchführung von »Surf-Fair« im Stuhlkreis mit 10–35 Schüler/innen an.

Das Trainingsprogramm ist in die drei Bereiche »Einstieg«, »Schwerpunkt« und »Abschluss« unterteilt. In jedem der Bereiche finden Sie mehrere Übungen zur Auswahl, alle Übungen sind in Abbildung 6 aufgelistet. Im Bereich *»Einstieg«* finden Sie Übungen, die dazu dienen, die Schüler/innen auf das Thema vorzubereiten, indem sie sich beispielsweise über ihre eigene Mediennutzung austauschen. Im *»Schwerpunkt«* lassen sich die vorhandenen Übungen weiter nach Themen unterteilen: Es gibt den Film »Cybermobbing gegen Max«, der für (fast) alle anderen Schwerpunktübungen von zentraler Bedeutung ist und ein fiktives Fallbeispiel beschreibt. Die anderen Übungen lassen sich danach untergliedern, ob sie sich vorrangig auf potenzielle Opfer, Zuschauer oder Täter konzentrieren oder ob sie einführend alle diese sozialen Rollen beachten. Im Bereich *»Abschluss«* sind Übungen aufgeführt, die Schüler/innen dazu anleiten, das Training »Surf-Fair« zu reflektie-

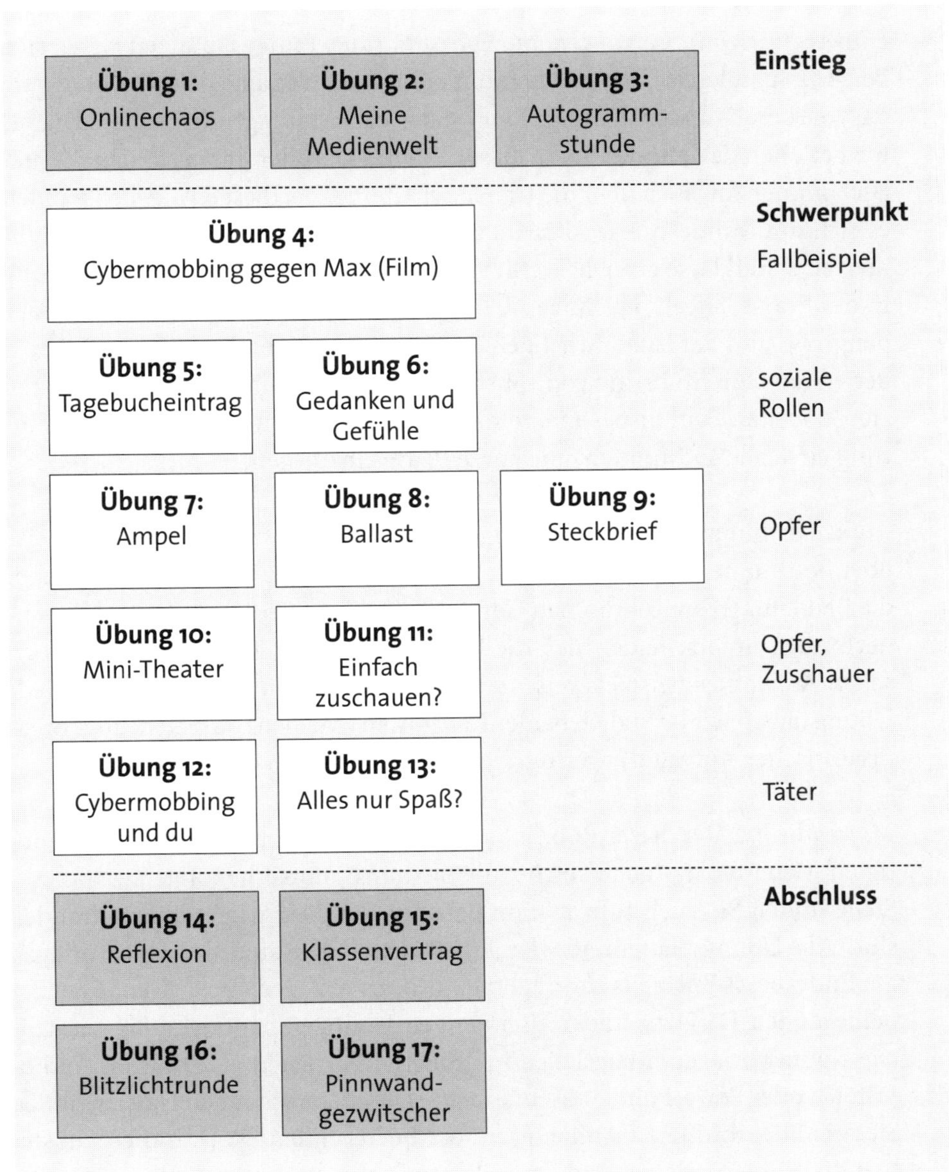

Abb. 6: Schematischer Überblick über alle in »Surf-Fair« enthaltenen Übungen. Die Übungen lassen sich dem »Einstieg«, »Schwerpunkt« oder »Abschluss« zuordnen, die Übungen des Schwerpunktes lassen sich thematisch weiter untergliedern.

ren und ihre wichtigsten Erfahrungen für die Zukunft festzuhalten. Bei der Zusammenstellung des Trainings »Surf-Fair« sollten Sie mindestens je eine Übung aus allen drei Bereichen nutzen. Darüber hinaus ist es sinnvoll, im Schwerpunktteil die Perspektiven möglichst vieler an Cybermobbing Beteiligter zu berücksichtigen.

Zu jeder Übung finden Sie in der Beschreibung die gleichen Rubriken, die jeweils durch das passende Symbol am Buchrand gekennzeichnet sind:

→ *Ziel der Übung*: Hier ist erklärt, welche Ziele mit der Übung erreicht werden sollen. Es finden sich Angaben zum erwünschten Fähigkeits- bzw. Kenntnisstand der Schüler/innen nach der Durchführung.

→ *Hinweise zu Voraussetzungen und Durchführung:* Einige Übungen lassen sich besser mit anderen Übungen kombinieren. Auch verlangen einige Übungen, dass Sie bereits andere Übungen von »Surf-Fair« durchgeführt haben. Die Informationen dazu finden Sie in dieser Rubrik. Darüber hinaus finden Sie hier auch immer Angaben über die Dauer der Übung. Bei diesen Angaben handelt es sich um Mindestwerte, die von zwei geübten Trainern mit einer disziplinierten Schulklasse erreicht werden können. In der Regel dauert eine Übung in der Praxis länger, bei einigen Übungen ist die Dauer stark von der Gruppengröße und der Ausführlichkeit der Auswertung abhängig. Planen Sie bei der ersten Durchführung von »Surf-Fair« deutlich mehr Zeit ein – wir raten zur doppelten Zeit! Insbesondere sollten sie darauf achten, bei der Durchführung circa alle 45 Minuten eine kurze Pause einzulegen.

→ *Aufwand:* Einige Übungen verlangen von Ihnen Vorwissen, beispielsweise über bestimmte Informations- und Kommunikationstechnologien oder über die Bedienung von technischen Geräten (hier als Medienkompetenz bezeichnet). Auch unterscheiden sich die Übungen hinsichtlich ihres organisatorischen Aufwands, beispielsweise dem Ausdrucken von Übungsblättern. Jede Übung haben wir bezüglich beider Kategorien (Medienkompetenz und organisatorischer Aufwand) »gering«, »mittel« oder »hoch« eingestuft.

→ *Materialien:* Unter dieser Rubrik befindet sich eine Übersicht über alle benötigten Materialien – auch solche, die Sie nur optional benötigen. An dieser Stelle finden Sie auch Information darüber, wo diese Materialien zu finden sind. Alle Übungsblätter und viele Arbeitsmaterialien sind als Kopiervorlagen am Ende dieses Buchteils angefügt (vgl. »Kopiervorlagen«, S. 97 ff.) und auf der beiliegenden DVD zu finden. Bei einigen Übungen benötigen Sie zusätzliche Kopiervorlagen, Materialien in größeren Formaten als DIN A4, Audio-Dateien oder PowerPoint-Präsentationen. Die entsprechenden Dateien finden Sie im »Elektronischen Anhang« auf der beiliegenden DVD. Außerdem stehen die Kopiervorlagen und der »Elektronische Anhang« auch zum Download im Internet bereit (vgl. S. 97).

→ *Vorbereitung:* Hier finden Sie Informationen darüber, was Sie vorab tun sollten, damit Sie die Übung durchführen können und damit die Übung gelingt. Beispielsweise wird hier beschrieben, wie Sie die Materialien vorbereiten sollten. Außerdem gibt es an dieser Stelle häufig Lesetipps zu Kapiteln aus dem 1. Teil dieses Buches. Bei (fast) jeder Übung sollten Sie sich besonders auf die Diskussion zur Auswertung vorbereiten. Darüber hinaus steht hier, welche Fertigkeiten die Schüler/innen mitbringen müssen.

→ *Ablauf der Übung:* An dieser Stelle ist die Durchführung der Übung so detailliert wie nötig erklärt. Verinnerlichen Sie den Ablauf und notieren Sie sich gegebenenfalls die wichtigsten Punkte und wie Sie die Schüler/innen konkret anleiten möchten. Für die Übungen ist in den meisten Fällen die Reihenfolge der einzelnen Bestandteile wichtig. Achten Sie darauf, diese wie beschrieben einzuhalten. Trotzdem besteht häufig die Möglichkeit, Übungen zu variieren und Ihren eigenen Bedürfnissen anzupassen. Sie sollten den Ablauf entsprechend als Vorschlag verstehen. Zum Ende dieses Teils weisen wir in vielen Fällen explizit darauf hin, auf welche Punkte Sie in der Auswertung der jeweiligen Übung achten sollten.

- *Leitfragen zur Diskussion:* Die Übungen sind dann besonders effektiv, wenn Sie die aufgeworfenen Themen mit den Schüler/innen diskutieren. Das Konzept von »Surf-Fair« sieht vor, dass die Schüler/innen aktiv ihre eigenen Erfahrungen und Fertigkeiten einbringen können. Als Lehrer/in unterstützen Sie diesen Prozess durch die Durchführung der beschriebenen Übungen. Aus diesem Grund sollten Diskussionen bei den Übungen einen großen Raum einnehmen. In dieser Rubrik finden Sie eine Reihe von Vorschlägen, mit denen eine solche Diskussion angestoßen werden kann. Achten Sie darauf, die Fragen an die Fähigkeiten und Interessen der Schüler/innen anzupassen.

Stellen Sie Ihr Training »Surf-Fair« erst dann zusammen, wenn Sie sich einen Überblick über die Ziele und den Ablauf aller für Sie potenziell relevanter Übungen verschafft haben. Als erste Anregung zeigt Abbildung 7 auf der nächsten Seite den Ablaufplan eines ausführlichen Präventionsprogramms, das über zwei Sitzungen verteilt ist und in dem alle Themen behandelt werden, also die Perspektiven der Opfer, Zuschauer und Täter berücksichtigt werden.

Einstieg | 3.2

Übung 1: Onlinechaos

Ziel der Übung

Dies ist eine Einstiegsübung, die der Aktivierung von medienspezifischem Wissen dient. Beispielsweise können die Schüler/innen im ersten Teil der Übung eigene Begriffe einbringen und so Schwerpunkte setzen. Im zweiten Teil der Übung tauschen sich die Schüler/innen über die persönliche oder technische Bedeutung der ausgewählten Begriffe aus. Damit sollen alle Schüler/innen auf einen ähnlichen Wissensstand gebracht und ein Austausch über die Medienwirklichkeit in der jeweiligen Klasse erreicht werden. Für Sie als Lehrer/in bzw. Präventionsbeauftragte/n liefert die Übung einen ersten Eindruck von den Medienerfahrungen der Schüler/innen. Darüber hinaus dient diese Übung der Aktivierung, da sie im ersten Teil sehr bewegungsintensiv ist.

Hinweise zu Voraussetzungen und Durchführung

- Diese Übung ist als Einstieg mit allen Übungen aus dem Schwerpunkt kombinierbar; Sie sollten pro Trainingstermin eine Einstiegsübung auswählen.
- Dauer der Übung: min. 10 Minuten

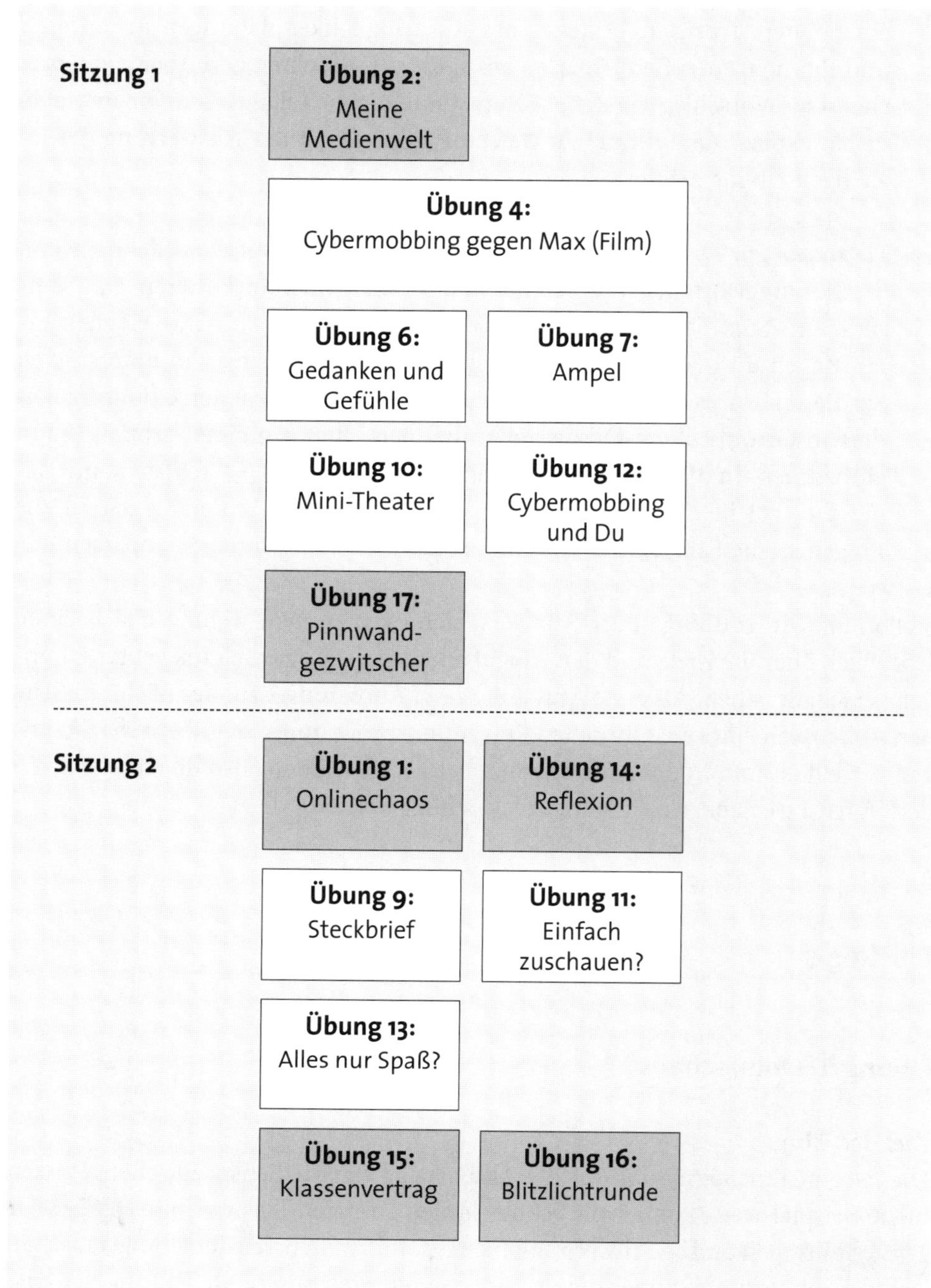

Abb. 7: Überblick über ein mögliches langes Präventionsprogramm »Surf-Fair« in zwei Sitzungen

Aufwand

- erforderliche Medienkompetenz: gering
- organisatorischer Aufwand: gering

Materialien

- Stuhlkreis (Anzahl der Stühle = ein Stuhl weniger als Schüler/innen)
- Pro 5–8 Schüler/innen in der Gruppe braucht man für diese Übung einen Begriff zum Thema Medien. Die Begriffe können die Schüler/innen selbst nennen, oder sie werden von Ihnen vorgegeben.

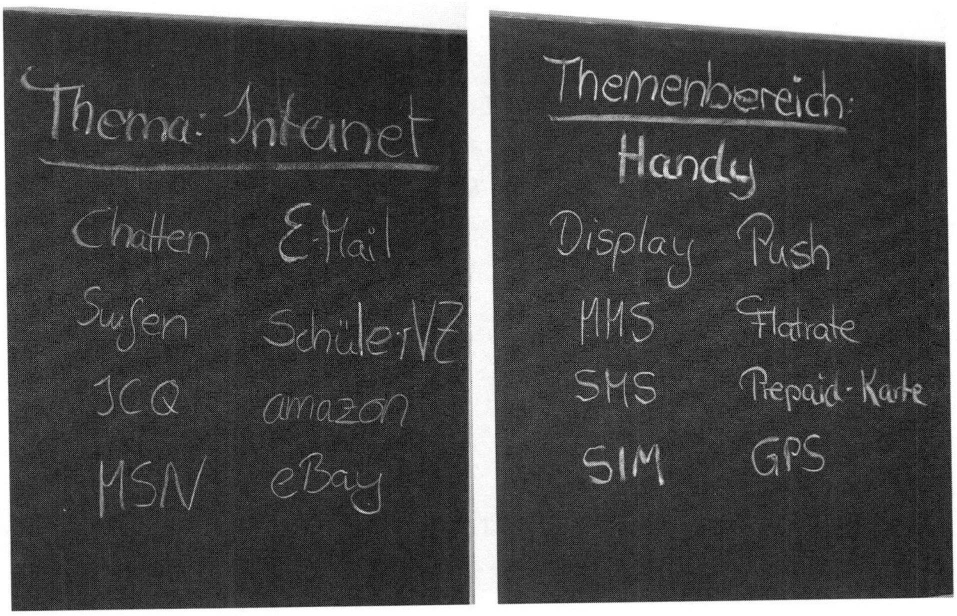

Abb. 8: Beispiele für eine Sammlung von Begriffen an der Tafel

- optional: Tafel und Kreide oder alternativ große Papierbögen (z. B. Flipchart) und dicke Faserstifte (z. B. Edding)

Vorbereitung

- *Lehrer/innen:* Informieren Sie sich über Medienbegriffe, die für Ihre Schüler/innen relevant sind, beispielsweise in entsprechenden Lexika im Internet (siehe S. 49). Optional können Sie für den ersten Teil der Übung selbst Begriffe auswählen, die Ihnen besonders wichtig erscheinen. Bereiten Sie die Diskussion zur Auswertung der Übung vor.
- *Schüler/innen:* Eine Vorbereitung der Schüler/innen ist nicht erforderlich.

Ablauf der Übung

Bitten Sie die Schüler/innen, einen Stuhlkreis zu bilden. Falls die Schüler/innen selbst Begriffe aussuchen sollen, erfragen sie beliebige Begriffe, beispielsweise aus den Themenbereichen Chat, soziale Netzwerke oder Handy. Sammeln sie alle genannten Begriffe an der Tafel oder auf einem großen Papierbogen (Beispiel siehe Abb. 8). Wählen Sie genügend Begriffe aus und teilen Sie anschließend jeder Schülerin und jedem Schüler einen dieser Begriffe nach dem Zufallsprinzip zu. Die Gruppen zu den einzelnen Begriffen sollten annähernd gleich groß sein und jeweils 5–8 Schüler/innen umfassen.

Nun beginnt der erste Teil der Übung. Eine Schülerin oder ein Schüler muss seinen Stuhl abgeben und sich in die Mitte des Stuhlkreises stellen. Er darf einen der Begriffe aufrufen. Alle Schüler/innen, denen dieser Begriff zugeteilt wurde, müssen aufstehen und sich möglichst schnell einen anderen Stuhl suchen. Der Schüler in der Mitte hat die Aufgabe, ebenfalls einen Sitzplatz zu finden, indem er möglichst schnell einen der beim Tausch kurzfristig frei werdenden Stühle besetzt. Wer nach dem Platztausch in der Mitte übrig bleibt, beginnt eine neue Runde, indem er den nächsten Begriff aufruft. Nach einigen Spielrunden kann das Spiel dadurch erweitert werden, dass die Schülerin bzw. der Schüler in der Mitte mehrere Begriffe gleichzeitig aufrufen darf.

Im zweiten Teil der Übung tauscht die Gruppe sich über die ausgewählten Begriffe aus (s. u. »Leitfragen und Anregungen zur Diskussion«). Je nach vorgegebener Diskussionsfrage kann dies die Form eines Blitzlichtes annehmen, bei dem alle Schüler/innen etwas zu den Begriffen sagen; einzelne Schüler/innen können die Begriffe dann erklären, oder es kann per Handzeichen abgestimmt werden.

Leitfragen und Anregungen zur Diskussion

- Wie funktioniert …?
- Welchen Zweck erfüllt …?
- Was ist besonders an …?
- Wer von euch nutzt …?
- Habt ihr etwas Besonderes mit … erlebt?

Übung 2: Meine Medienwelt

Ziel der Übung

Dies ist eine Einstiegsübung. Sie dient der Aktivierung von medienspezifischem Wissen und einem Austausch der Schüler/innen untereinander über ihre Medienerfahrung. Die Schüler/innen berichten von der persönlichen Bedeutung verschiedenster Begriffe aus ihrer Medienwirklichkeit. Für Sie als Lehrer/in bzw. Präventionsbeauftragte/n liefert die Übung einen ersten Eindruck von den Medienerfahrungen der Schüler/innen. Sie ist auch für Gruppen geeignet, die sich noch nicht kennen, beispielsweise für neu zusammengestellte Klassen am Anfang eines Schuljahres.

Hinweise zu Voraussetzungen und Durchführung

- Diese Übung ist als Einstieg mit allen Übungen aus dem Schwerpunkt kombinierbar; Sie sollten pro Trainingstermin eine Einstiegsübung auswählen.
- Dauer der Übung: min. 10 Minuten

Aufwand

- erforderliche Medienkompetenz: gering
- organisatorischer Aufwand: gering

Materialien

- pro Schüler/in 2–3 »Medienbegriffe« (Kopiervorlagen 1 und 2, S. 98 und 99)
- Kiste oder Ähnliches zum Mischen und Ziehen der »Medienbegriffe«

Vorbereitung

- *Lehrer/innen:* Informieren Sie sich über die für diese Übung relevanten Medienbegriffe, beispielsweise in entsprechenden Lexika im Internet (siehe S. 49). Kopieren Sie die »Medienbegriffe« in ausreichender Anzahl, ergänzen Sie sie gegebenenfalls mit eigenen Begriffen, schneiden Sie die einzelnen Felder aus, falten Sie die Zettel zusammen und geben Sie sie in eine Kiste. Bereiten Sie die Diskussion zur Auswertung der Übung vor.

- *Schüler/innen:* Eine Vorbereitung der Schüler/innen ist nicht erforderlich.

Ablauf der Übung

Lassen Sie die Schüler/innen reihum jeweils zwei oder drei Zettel mit »Medienbegriffen« aus der Kiste ziehen. Aufgabe ist es nun, dass jede Schülerin und jeder Schüler sich anhand der gezogenen Begriffe kurz vorstellt. Dazu soll jede/r pro Begriff beispielsweise eine kurze persönliche Erfahrung schildern (s. u. »Leitfragen und Anregungen zur Diskussion«). Geben Sie den Schüler/innen zunächst Zeit, sich zu überlegen, was sie erzählen möchten.

Optional kann man eine Phase einbauen, in der Schüler/innen untereinander Zettel tauschen dürfen, falls sie mit bestimmten Begriffen nichts anfangen können. Wenn alle Schüler/innen ihre Bereitschaft signalisiert haben, stellen sich alle reihum vor (Beispiel in Abb. 9).

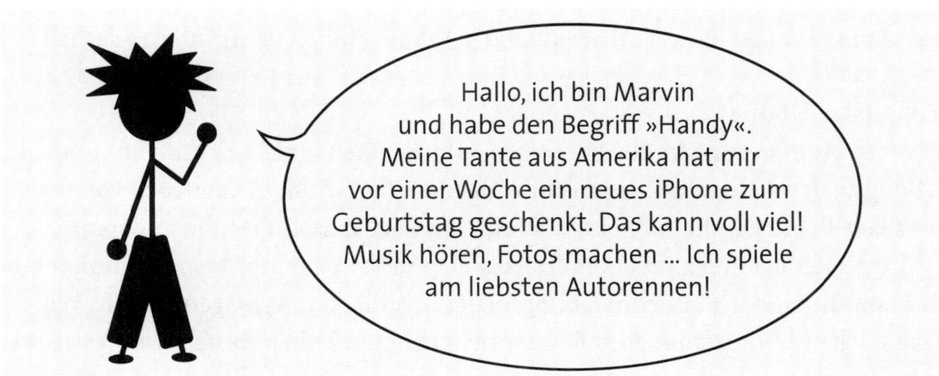

Abb. 9: Beispiel für eine Vorstellung mit dem Begriff »Handy«

Leitfragen und Anregungen zur Diskussion

- Was fällt euch zu ... ein?
- Was haltet ihr von ...?
- Habt ihr persönlich etwas Besonderes mit ... erlebt?

Übung 3: Autogrammstunde

Ziel der Übung

Dies ist eine Einstiegsübung. Sie dient dem Austausch der Schüler/innen untereinander über ihre persönliche Medienwelt. Für Sie als Lehrer/in bzw. Präventionsbeauftragte/n liefert die Übung einen ersten Eindruck von den Medienerfahrungen der Schüler/innen. Darüber hinaus dient diese Übung der Aktivierung, da sie bewegungsintensiv ist. Sie ist ist auch für Gruppen geeignet, die sich noch nicht kennen, beispielsweise für neu zusammengestellte Klassen am Anfang eines Schuljahres.

Hinweise zu Voraussetzungen und Durchführung

- Diese Übung ist als Einstieg mit allen Übungen aus dem Schwerpunkt kombinierbar; Sie sollten pro Trainingstermin eine Einstiegsübung auswählen.
- Dauer der Übung: min. 10 Minuten

Aufwand

- erforderliche Medienkompetenz: gering
- organisatorischer Aufwand: gering

Materialien

- pro Schüler/in ein Übungsblatt »Autogrammstunde« (Kopiervorlage 3, S. 100)
- pro Schüler/in ein Kugelschreiber oder Faserschreiber

Vorbereitung

- *Lehrer/innen:* Kopieren Sie das Übungsblatt »Autogrammstunde« für alle Schüler/innen. Bereiten Sie die Diskussion zur Auswertung der Übung vor.
- *Schüler/innen:* Eine Vorbereitung der Schüler/innen ist nicht erforderlich.

Ablauf der Übung

Für die Autogrammstunde benötigen alle Schüler/innen einen Stift und ein Übungsblatt »Autogrammstunde«. Nun sollen die Schüler/innen sich vorstellen, sie seien Reporter, die möglichst schnell möglichst viel über die anderen Schüler/innen herausfinden möchten. Dazu sollen sie jeweils eine Person im Raum finden, auf die eine der auf dem Übungsblatt aufgeführten Aussagen zutrifft. Wurde eine solche Person gefunden, soll diese in dem betreffenden Kästchen unterschreiben. In jedem Kästchen sollten, wenn möglich, unterschiedliche Unterschriften stehen. Wer zuerst alle Kästchen mit Autogrammen gefüllt hat, hat bei dieser Übung gewonnen und sagt laut »Fertig!«. Damit ist die Übung beendet. Diskutieren Sie im Anschluss mit den Schüler/innen über die Erfahrungen, die sie während der Übung gemacht haben (s. u. »Leitfragen und Anregungen zur Diskussion«).

Leitfragen und Anregungen zur Diskussion

- Wer ist »Sieger« und hat in jedem Kästchen ein Autogramm? Wer hat nur noch ein leeres Kästchen? Wer zwei?
- Für welches Kästchen war es besonders schwierig, ein Autogramm zu bekommen? (Evtl. kann man hier nachhaken und fragen, ob es Schüler/innen gibt, auf die diese Aussage zutrifft, aber die niemand gefunden hat.)
- Für welches Kästchen war es besonders einfach, ein Autogramm zu bekommen? (Evtl. kann man hier nachhaken und fragen, auf wen diese Aussage zutrifft, beispielsweise: Wer besitzt einen eigenen Computer?)
- Hat euch etwas überrascht?

Übung 4: Cybermobbing gegen Max (Film)

Ziel der Übung

Dies ist eine Schwerpunktübung. Sie dient dazu, den Schüler/innen das Phänomen Cybermobbing in seinen möglichen Ausprägungen und Folgen für den einzelnen und für den Klassenverband zu verdeutlichen. Die Schüler/innen sollen ein Verständnis dafür entwickeln, was genau gemeint ist, wenn über Cybermobbing gesprochen wird. Dazu dient der Film über den fiktiven Cybermobbing-Fall von Max (vgl. Abb. 10 auf der nächsten Seite).

Hinweise zu Voraussetzungen und Durchführung

- Diese Übung ist der optimale Einstieg in den Schwerpunkt des Trainings und eine notwendige Voraussetzung für viele andere Übungen des Schwerpunktes. Daher empfehlen wir Ihnen, diese Übung auf jeden Fall am Anfang des Trainings durchzuführen, egal wie Sie das Training zusammensetzen.
- Im Anschluss an die Übung empfiehlt es sich, eine kurze Pause einzulegen (ca. 5 Minuten), um den Film »sacken« zu lassen.
- Wie ausführlich Sie den Film inhaltlich diskutieren, ist abhängig von den darauf folgenden Übungen. Sie sollten darauf achten, dass Sie nicht zu viel vorwegnehmen, was in folgenden Übungen thematisiert wird.
- Dauer der Übung: min. 15 Minuten

Aufwand

- erforderliche Medienkompetenz: mittel
- organisatorischer Aufwand: mittel

Materialien

- der Film »Cybermobbing gegen Max« auf beiliegender DVD
- Gerät zum Vorführen des Films auf der DVD

Vorbereitung

- *Lehrer/innen:* Sehen Sie sich den Film vorher an. Über die konzeptuelle Idee des Filmes können Sie sich in Kapitel 2.7 (S. 40 ff.) informieren. Bereiten Sie die Diskussion zur Auswertung der Übung vor.
- *Schüler/innen:* Eine Vorbereitung der Schüler/innen ist nicht erforderlich.

Ablauf der Übung

Führen Sie den Film vor. Diskutieren Sie im Anschluss mit den Schüler/innen die Handlung des Films (s. u. »Leitfragen und Anregungen zur Diskussion«). Stellen Sie sicher, dass alle Schüler/innen den Film verstanden haben. Aus unserer Sicht sind dabei die wichtigsten Punkte:

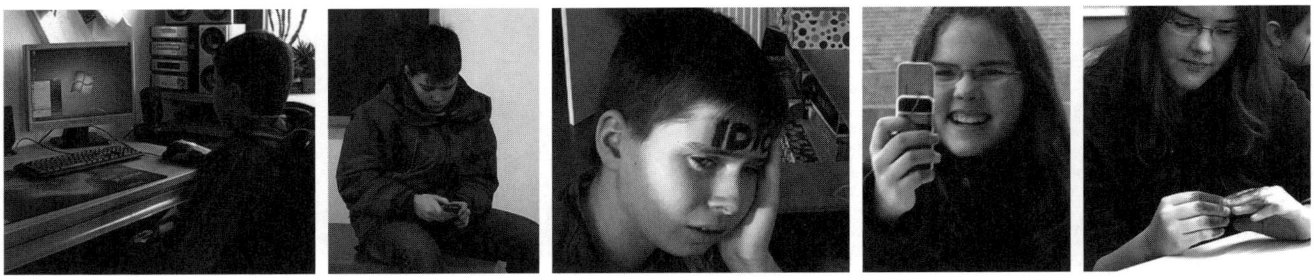

Abb. 10: Beispielhafte Filmszenen des Opfers Max (die drei linken Fotos) und einer Assistentin des Täters (die beiden rechten Fotos)

1. Der Film zeigt ein Beispiel für Cybermobbing (vgl. Kapitel 2.1, S. 14 ff.). In diesem Film wird das Opfer Max beispielsweise per SMS und schülerVZ schikaniert.
2. Cybermobbing ist nicht nur auf Täter und Opfer begrenzt, sondern immer ein Gruppenphänomen (vgl. Kapitel 2.2, S. 18 ff.).
3. Cybermobbing hat für die Betroffenen Folgen (vgl. Kapitel 2.5, S. 31 ff.). In diesem Film werden die Folgen für das Opfer Max eindrücklich dargestellt und durch das Wort »Idiot« auf seiner Stirn visualisiert (vgl. Abb. 10). Am Ende des Films fühlen sich auch die Täter unwohl, sie haben sich »die Hände schmutzig gemacht« (vgl. Abb. 10). In der gesamten Klasse herrscht eine bedrückte Stimmung.

Leitfragen und Anregungen zur Diskussion

- Was ist im Film passiert?
- Warum steht bei einigen Schüler/innen im Film etwas auf der Stirn?
- Warum haben einige Schüler/innen im Film schwarze Hände?
- Warum steht bei einigen Schüler/innen im Film etwas auf der Stirn *und* sie haben schwarze Hände?
- Gibt es Verständnisfragen zum Film?

Übung 5: Tagebucheintrag

Ziel der Übung

Dies ist eine Schwerpunktübung. Schüler/innen sollen in dieser Übung lernen, dass Cybermobbing immer in einem sozialen Umfeld stattfindet und selten nur Täter und Opfer, sondern auch Zuschauer betrifft und von ihnen aufrechterhalten wird (vgl. Kapitel 2.2, S. 18 ff.). Indem sie sich in verschiedene im Film dargestellte Rollen hineinversetzen, sollen die Perspektivenübernahme und die Empathie der Schüler/innen gefördert werden. Dazu werden mögliche Gedanken, Gefühle und Verhaltensweisen aller am Cybermobbing beteiligten Personen von den Schüler/innen selbstständig erarbeitet und reflektiert.

Hinweise zu Voraussetzungen und Durchführung

- Bevor Sie die Übung durchführen können, muss der Film »Cybermobbing gegen Max« (Übung 4, S. 59 f.) gezeigt werden. Wenn Sie diese Übung mit den Schüler/innen durchführen, sollten Sie Übung 6 (»Gedanken und Gefühle«, S. 63 ff.) nicht mehr bearbeiten, da sich die Zielsetzung dieser beiden Übungen überschneidet. Nur wenn Sie das Thema über mehrere Termine hinweg bearbeiten oder den Eindruck haben, dass die Schüler/innen das Übungsziel noch nicht erreicht haben, kann es sinnvoll sein, beide Übungen – mit zeitlichem Abstand – durchzuführen.

- Diese Übung kann gut als Überleitung zu Übungen genutzt werden, die sich nur auf Opfer, Zuschauer oder Täter beziehen.
- Dauer der Übung: min. 15 Minuten

Aufwand

- erforderliche Medienkompetenz: gering
- organisatorischer Aufwand: mittel

Materialien

- pro Schüler/in ein Übungsblatt, in gleichen Anteilen »Tagebucheintrag Opfer« (Kopiervorlage 4, S. 101), »Tagebucheintrag Täter« (Kopiervorlage 5, S. 102) und »Tagebucheintrag Zuschauer« (Kopiervorlage 6, S. 103)
- pro Schüler/in ein Kugelschreiber oder Faserschreiber
- Tafel und Kreide

Vorbereitung

- *Lehrer/innen:* Machen Sie sich vorab mit dem Film »Cybermobbing gegen Max« (Übung 4, S. 59 f.) vertraut. Kopieren Sie die Übungsblätter »Tagebucheintrag Opfer«, »Tagebucheintrag Täter« und »Tagebucheintrag Zuschauer«. Bereiten Sie die Diskussion zur Auswertung der Übung vor.
- *Schüler/innen:* Die Schüler/innen müssen den Film »Cybermobbing gegen Max« (Übung 4, S. 59 f.) gesehen und verstanden haben.

Ablauf der Übung

Verteilen Sie in zufälliger Reihenfolge die Übungsblätter »Tagebucheintrag Opfer«, »Tagebucheintrag Täter« und »Tagebucheintrag Zuschauer« an die Schüler/innen. Stellen Sie sicher, dass jede Schülerin und jeder Schüler weiß, auf welche Person aus dem Film sich sein Übungsblatt bezieht: Max, das Opfer, das auf dem Schulhof eingeseift wird; Lars, der Täter, der Max auf dem Schulhof einseift; und Nele, eine außenstehende Zuschauerin, die sich nicht einmischt. Jede/r soll sich nun in die ihm zugeteilte Rolle möglichst gut hineinversetzen und einen Tagebucheintrag aus Sicht dieser Person verfassen. Die Schüler/innen sollen sich überlegen, wie sich eine Person in ihrer Rolle nach dem im Film dargestellten Tag fühlen und was sie denken könnte.

Planen Sie für das Verfassen des Tagebucheintrags ca. 5 Minuten ein. Danach sammeln Sie alle Übungsblätter ein, wählen zu jeder der drei Rollen – Opfer, Täter und Zuschauer – mindestens zwei Tagebucheinträge zufällig aus und lesen diese vor (vgl. Beispiel in Abb. 11 auf der nächsten Seite). Fragen Sie, ob die Schüler/innen noch etwas Wichtiges zu ergänzen haben. Die wichtigsten Gedanken und Gefühle der jeweiligen Rolle sollten Sie an der Tafel festhalten. Abschließend fassen Sie die Ergebnisse der Übung kurz mit der Gruppe zusammen und diskutieren sie (s. u. »Leitfragen und Anregungen zur Diskussion«). An dieser Stelle können Sie

Liebes Tagebuch!
In den letzten Tagen habe ich einiges erlebt …

Der Max in der Schule ist total der Volltrottel. Der steht da immer allein rum und guckt blöd. Ich bin dann einfach mal zu ihm hin und hab ihn voll mit Schnee eingeseift. Der Volltrottel ist auch noch voll ausgerutscht und hat sich lang gemacht. Meine Freundin Lara hat alles gefilmt und dann haben wir es zusammen bei YouTube reingestellt, damit alle ihren Spaß an dem Trottel haben! Hihi!

Ich habe mich so verhalten, weil …

Max es einfach verdient hat. Er muss halt mal einsehen, dass ich der Coolste bin und er nix drauf hat! Außerdem fanden die anderen das auch total toll.

Meine Gefühle dabei waren …

Zuerst fand ich es total lustig. Aber als ich dann später die ganzen Kommentare unter dem YouTube-Video gesehen habe, tat mir Max auf einmal auch leid. Ich wollte ja nur einen Spaß machen und nicht, dass jetzt alle auf ihm rumhacken. Ein paar Leute haben mich auch schon voll gedisst deswegen. Ich wäre asozial und so. Das hat mich traurig gemacht, weil ich es ja gar nicht böse gemeint habe.

Gute Nacht!

Abb. 11: Beispiel für einen Tagebucheintrag aus Sicht des Täters Lars

kritische Fragen stellen und eigene Punkte ergänzen. Aus unserer Sicht gibt es dabei mehrere wichtige Punkte:

1. Zumindest am Ende des Films sind alle Jugendlichen unglücklich mit der Situation, auch die Täter.
2. Cybermobbing findet zwar im Internet statt, aber die darauf folgenden Gedanken und Gefühle sind real und häufig belastend (vgl. Kapitel 2.5, S. 31 ff.).
3. Je nach Zusammenstellung Ihres Trainings kann diese Stelle dazu genutzt werden, auf weitere Übungen, die stärker auf einzelne Rollen beim Cybermobbing fokussieren, hinzuarbeiten:
   - Beispielsweise könnte man auf die belastenden und hilflosen Gefühle des *Opfers* verweisen und so auf eine Übung hinarbeiten, in der Strategien gegen Cybermobbing erarbeitet werden (z. B. Übung 8: »Ballast«, S. 69 ff.).
   - Beispielsweise hatte der *Täter* zwar kurzfristig Spaß, wirkt am Ende des Films aber auch bedrückt. Die Schüler/innen sollen verstehen, wie schnell jemand unbedacht zum Täter werden kann, auch ohne dass er ein schlechter Mensch ist. Dies kann in weiteren Übungen vertieft werden (z. B. Übung 13: »Alles nur Spaß?«, S. 84 ff.).

- Beispielsweise können Sie auf die verschiedenen Funktionen der *Zuschauer* eingehen. Zuschauer können unter anderem wegschauen oder den Täter aktiv unterstützen, indem sie ihm zujubeln, oder ihm helfen, indem sie selbst mitmachen. Auch das kann in weiteren Übungen vertieft werden (vgl. Übung 11: »Einfach zuschauen?«, S. 77 ff.).

Leitfragen und Anregungen zur Diskussion

- Was fällt euch auf?
- Wer hat sich während des Films gut gefühlt? Warum?
- Wer hat sich am Ende des Films gut gefühlt? Warum?
- Wer hat besonders viele negative Gedanken? Warum?
- Was hat der Täter im Film gedacht? Warum hat er Max gemobbt?
- Was hat die Zuschauerin im Film gedacht? Warum hat sie nicht geholfen?
- Warum sind bei Mobbing nicht nur Täter und Opfer, sondern auch die Zuschauer wichtig?
- Gibt es auch im Internet Täter, Opfer und Zuschauer? Woran könnte man sie im Internet erkennen?

Übung 6: Gedanken und Gefühle

Ziel der Übung

Dies ist eine Schwerpunktübung. Die Schüler/innen sollen in dieser Übung lernen, dass Cybermobbing immer in einem sozialen Umfeld stattfindet und selten nur Täter und Opfer, sondern auch Zuschauer betrifft und von ihnen aufrechterhalten wird (vgl. Kapitel 2.2, S. 18 ff.). Indem sie sich in verschiedene im Film dargestellte Rollen hineinversetzen, sollen die Perspektivenübernahme und die Empathie der Schüler/innen gefördert werden. Dazu werden mögliche Gedanken, Gefühle und Verhaltensweisen aller am Cybermobbing beteiligten Personen von den Schüler/innen selbstständig erarbeitet und reflektiert.

Hinweise zu Voraussetzungen und Durchführung

- Bevor Sie die Übung durchführen können, muss der Film »Cybermobbing gegen Max« (Übung 4, S. 59 f.) gezeigt werden. Wenn Sie diese Übung mit den Schüler/innen durchführen, sollten sie Übung 5 (»Tagebucheintrag«, S. 60 ff.) nicht mehr bearbeiten, da sich die Zielsetzung dieser beiden Übungen überschneidet. Nur wenn Sie das Thema über mehrere Termine hinweg bearbeiten oder den Eindruck haben, dass die Schüler/innen das Übungsziel noch nicht erreicht haben, kann es sinnvoll sein, beide Übungen – mit zeitlichem Abstand – durchzuführen.
- Diese Übung kann gut als Überleitung zu Übungen genutzt werden, die sich nur auf Opfer, Zuschauer oder Täter beziehen.
- Dauer der Übung: min. 15 Minuten

Aufwand

- erforderliche Medienkompetenz: gering
- organisatorischer Aufwand: hoch

Materialien

- pro Schüler/in ein Übungsblatt mit der Anleitung zu dieser Übung, in gleichen Anteilen »Gefühle Opfer« und »Gedanken Opfer« (Kopiervorlage 7, S. 104), »Gefühle Täter« und »Gedanken Täter« (Kopiervorlage 8, S. 105) sowie »Gefühle Zuschauer« und »Gedanken Zuschauer« (Kopiervorlage 9, S. 106).
- mindestens doppelt so viele »Gedanken« (Elektronischer Anhang 1 auf beiliegender DVD) und »Gefühle« (Elektronischer Anhang 2 auf beiliegender DVD) wie Schüler/innen, »Gedanken« und »Gefühle« entweder in Farbe oder auf Papier in zwei unterschiedlichen Farben ausdrucken, zusätzlich leere Karten
- drei möglichst große »Silhouetten« (vgl. Abb. 12; Elektronischer Anhang 3 auf beiliegender DVD).
- Klebeband
- dicke Faserstifte (z. B. Edding)

Vorbereitung

- *Lehrer/innen:* Machen Sie sich vorab mit dem Film »Cybermobbing gegen Max« (Übung 4, S. 59 f.) vertraut. Kopieren Sie die Übungsblätter mit der Anleitung zu dieser Übung, und schneiden Sie diese zu, beispielsweise »Opfer Gefühle«. Drucken Sie die »Gedanken und Gefühle« entweder in Farbe oder auf Papier in zwei unterschiedlichen Farben aus, beispielsweise Rot für Gefühle und Blau für Gedanken, und schneiden Sie diese Karten aus (vgl. Abb. 12). Zusätzlich benötigen Sie noch leere Karten in beiden Farben. Drucken Sie drei »Silhouetten« (für Opfer, Täter und Zuschauer) in DIN A0 aus;[6] alternativ können Sie auch drei möglichst große »Silhouetten« an die Tafel zeichnen. Bereiten Sie die Diskussion zur Auswertung der Übung vor.
- *Schüler/innen:* Die Schüler/innen müssen den Film »Cybermobbing gegen Max« (Übung 4, S. 59 f.) gesehen und verstanden haben.

Ablauf der Übung

Hängen Sie zunächst drei »Silhouetten-Poster« an die Tafel und beschriften Sie diese mit »Opfer«, »Täter« und »Zuschauer«. Bitten Sie die Schüler/innen zu erläutern, welche Personen aus dem Film sie welchen Rollen zuordnen können. Beispielsweise ist Max das Opfer, das auf dem Schulhof eingeseift wird, Lars der Täter, der Max auf dem Schulhof einseift, und Nele eine außenstehende Zuschauerin, die sich nicht einmischt. Dann verteilen Sie die Übungsblätter zu den Gedanken und Gefühlen von Opfer, Täter und Zuschauern nach dem Zufallsprinzip. Jede Schülerin und jeder Schüler bekommt dabei nur ein Übungsblatt, beispielsweise »Opfer Gefühle«. Breiten Sie die Karten mit den »Gedanken« und »Gefühlen« in der Mitte des Stuhlkreises aus (vgl. Beispiele in Tab. 1 auf der übernächsten Seite).

6 Wenn Sie an der Schule keine Möglichkeit haben, auf DIN A0 zu drucken, so ist dies in vielen Copyshops möglich.

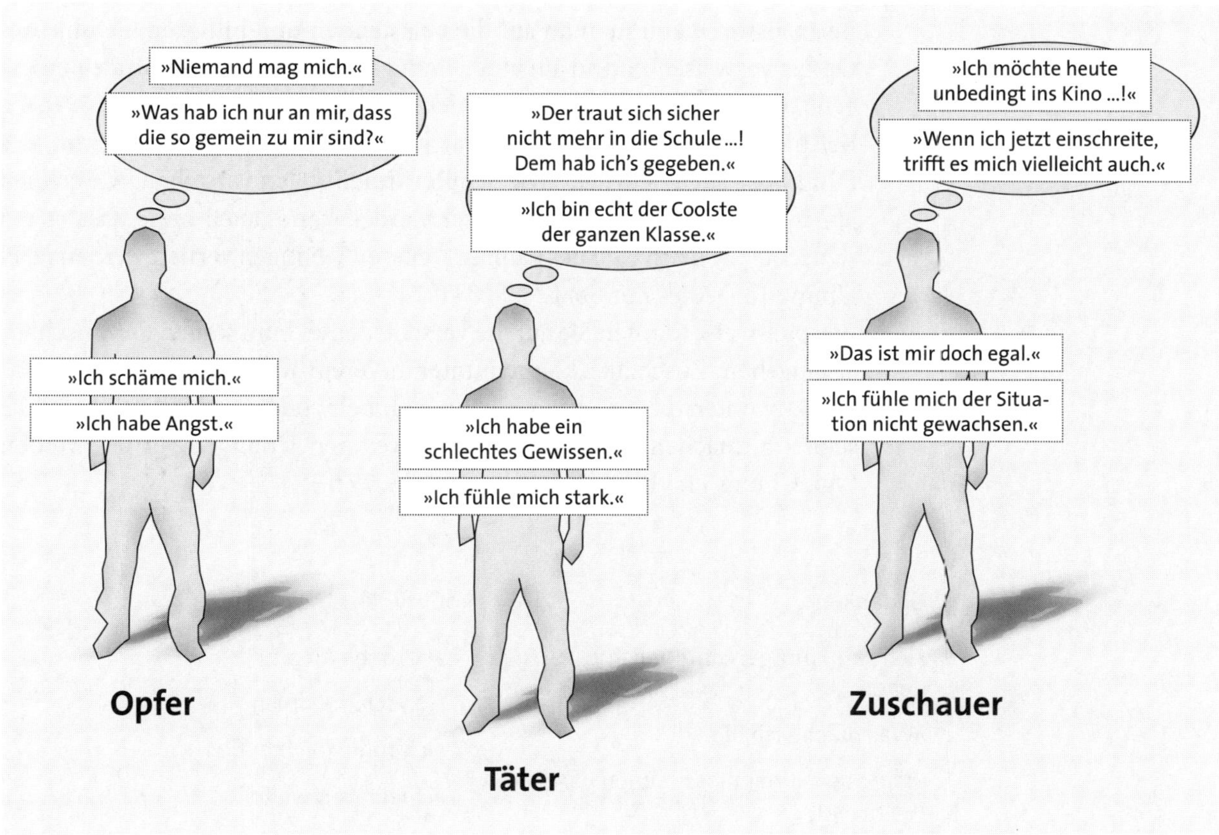

Abb. 12: Beispiele für die Zuordnung von Gedanken und Gefühlen zu den Silhouetten von Opfer, Täter und Zuschauer

Im ersten Teil der Übung sollen die Schüler/innen jeweils ihrer Aufgabe entsprechend eine passende Karte auswählen. Wenn eine Schülerin oder ein Schüler keine passende Karte findet, darf er auf einer der zusätzlichen leeren Karten selbst einen Gedanken oder ein Gefühl formulieren, das ihm passend erscheint. Geben Sie den Schüler/innen dafür ca. 5 Minuten Zeit. Nach Ablauf der Zeit sollen alle Schüler/innen nach vorne kommen und ihre Karte an die entsprechende Silhouette heften. »Gedanken« werden jeweils in die Gedankenblase neben der Silhouette und »Gefühle« jeweils in den Bauch geklebt (vgl. Abb. 12). Es bietet sich an, die Schüler/innen in Gruppen nach vorne kommen zu lassen, die ihren jeweiligen Aufgaben entsprechen. Dann kommen beispielsweise nur diejenigen gemeinsam nach vorne, die sich mit den »Opfer Gefühlen« beschäftigt haben. Jede Schülerin und jeder Schüler soll kurz erklären, warum er gerade diese Karte ausgewählt hat.

Im zweiten Teil der Übung werten Sie die Ergebnisse aus (s. u. »Leitfragen und Anregungen zur Diskussion«). An dieser Stelle können Sie kritische Fragen stellen und eigene Punkte ergänzen. Aus unserer Sicht gibt es dabei mehrere wichtige Punkte:

1. Zumindest am Ende des Films sind alle Jugendlichen unglücklich mit der Situation, auch die Täter.
2. Cybermobbing findet zwar im Internet statt, aber die darauf folgenden Gedanken und Gefühle sind real und häufig belastend (vgl. Kapitel 2.5, S. 31 ff.).
3. Je nach Zusammenstellung Ihres Trainings kann diese Stelle dazu genutzt werden, auf weitere Übungen, die stärker auf einzelne Rollen beim Cybermobbing fokussieren, hinzuarbeiten.

- Beispielsweise könnte man auf die belastenden und hilflosen Gefühle des Opfers verweisen und so auf eine Übung hinarbeiten, in der Strategien gegen Cybermobbing erarbeitet werden (z. B. Übung 8: »Ballast«, S. 69 ff.).
- Beispielsweise hatte der Täter zwar kurzfristig Spaß, wirkt am Ende des Films aber auch bedrückt. Die Schüler/innen sollen verstehen, wie schnell jemand auch unbedacht zum Täter werden kann, auch ohne dass er ein schlechter Mensch ist. Dies kann in weiteren Übungen vertieft werden (z. B. Übung 13: »Alles nur Spaß?«, S. 84 ff.).
- Beispielsweise können Sie auf die verschiedenen Funktionen der Zuschauer eingehen. Zuschauer können unter anderem wegschauen oder den Täter aktiv unterstützen, indem sie ihm zujubeln, oder ihm helfen, indem sie selbst mitmachen. Auch das kann in weiteren Übungen vertieft werden (vgl. Übung 11: »Einfach zuschauen?«, S. 77 ff.).

Gedanken	Gefühle
»Ich kann morgen unmöglich zur Schule gehen ...!«	»Ich habe Angst.«
»Was mache ich bloß?!«	»Ich schäme mich.«
»Alle aus meiner Klasse sehen das. Wie furchtbar!«	»Ich fühle mich hilflos.«
»Ich kann mit niemandem darüber sprechen, das ist einfach zu peinlich.«	»Ich bin verzweifelt.«
»Niemand mag mich.«	»Ich habe Spaß.«
»Das ist so lustig!!!«	»Ich fühle mich stark.«
»Der traut sich sicher nicht mehr in die Schule ...! Dem habe ich's gegeben.«	»Ich fühle mich bestätigt.«
»Nur weiter so! Ich will mehr von diesen Fotos sehen«	»Ich bin aufgeregt.«
»Der Arme! Da sollte ich etwas dagegen unternehmen!«	»Ich habe ein schlechtes Gewissen.«
	»Ich fühle mich schuldig.«
	»Ich weiß nicht, was ich machen soll.«
	»Ist mir doch egal.«

Tabelle 1: Beispiele für Gedanken und Gefühle. Die vollständige Kopiervorlage finden Sie in den Elektronischen Anhängen 1 (Gedanken) und 2 (Gefühle) auf beiliegender DVD.

Leitfragen und Anregungen zur Diskussion

- → Was fällt euch auf?
- → Wer hat sich während des Films gut gefühlt? Warum?
- → Wer hat sich am Ende des Films gut gefühlt? Warum?
- → Wer hat besonders viele negative Gedanken? Warum?
- → Was hat der Täter im Film gedacht? Warum hat er Max gemobbt?
- → Was hat die Zuschauerin im Film gedacht? Warum hat sie nicht geholfen?
- → Warum sind bei Mobbing nicht nur Täter und Opfer, sondern auch die Zuschauer wichtig?
- → Gibt es auch im Internet Täter, Opfer und Zuschauer? Woran könnte man sie im Internet erkennen?

Übung 7: Ampel

Ziel der Übung

Dies ist eine Schwerpunktübung, die sich besonders an potenzielle Opfer von Cybermobbing richtet. Dabei sollen die Schüler/innen die individuell unterschiedliche Wirkung von Cybermobbing und ihre persönliche »Schmerzgrenze« erkunden. Ein Ziel dieser Übung ist es, in der Klasse zu definieren, was Cybermobbing ist.

Hinweise zu Voraussetzungen und Durchführung

- Wenn Sie diese Übung mit den Schüler/innen durchführen, sollten sie Übung 8 (»Ballast«, S. 69 ff.) nicht mehr bearbeiten, da sich beide Übungen in Teilen überschneiden. Diese Übung empfiehlt sich besonders, wenn sie einen Schwerpunkt auf die Definition von Cybermobbing legen möchten. Sie funktioniert am besten, wenn die Schüler/innen sich schon mit dem Thema Cybermobbing beschäftigt haben. Wir schlagen vor, dass Sie vor dieser Übung mindestens eine Einstiegsübung durchführen und den Film »Cybermobbing gegen Max« (Übung 4, S. 59 f.) zeigen.
- Dauer der Übung: min. 20 Minuten

Aufwand

- erforderliche Medienkompetenz: mittel
- organisatorischer Aufwand: hoch

Materialien

- »Situationskarten« (vier Beispiele in Kopiervorlage 10 und 11, S. 107 und 108; alle 16 Situationskarten im Elektronischen Anhang 4 auf beiliegender DVD)
- pro Schüler/in drei »Ampelkarten«, je eine in den Farben Grün, Gelb und Rot
- Tafel und Kreide oder alternativ große Papierbögen (z. B. »Brown-Paper«)
- dicke Faserstifte (z. B. Edding)
- Klebeband

Vorbereitung

- *Lehrer/innen:* Informieren Sie sich über die auf den Situationskarten erwähnten Begriffe, beispielsweise in entsprechenden Lexika im Internet (vgl. S. 49). Schneiden Sie aus farbigem Karton grüne, gelbe und rote Ampelkarten aus. Drucken Sie die Situationskarten aus und schneiden Sie sie zurecht. Bereiten Sie die Diskussion zur Auswertung der Übung vor.
- *Schüler/innen:* Eine Vorbereitung der Schüler/innen ist nicht zwangsläufig erforderlich. Es ist hilfreich, wenn die Schüler/innen den Film »Cybermobbing gegen Max« (Übung 4, S. 59 f.) gesehen und verstanden haben.

Ablauf der Übung

Legen Sie zunächst den Stapel Situationskarten auf den Boden in die Mitte des Raumes. Verteilen Sie die Ampelkarten an die Schüler/innen. Jede/r bekommt eine grüne, eine gelbe und eine rote Ampelkarte. Erklären Sie die Bedeutung die-

Abb. 13: Beispiel für eine Abstimmung zu einer Situationskarte, die Abstimmungsergebnisse werden in die Ampel auf der Situationskarte eingetragen

ser Karten: Grün heißt »Das ist absolut in Ordnung!«, gelb heißt »Das ist nicht ganz in Ordnung!«, und rot heißt »Das geht gar nicht!«.

Nun soll immer eine Schülerin oder ein Schüler in die Mitte kommen und eine der Situationskarten laut vorlesen. Alle anderen Schüler/innen sollen sich überlegen, wie sie diese Situation bewerten. Entsprechend sollen sie mit einer ihrer Ampelkarten abstimmen. Das funktioniert so: Nachdem der Schüler in der Mitte eine Situationskarte vorgelesen hat, zählt er langsam bis drei, und bei drei halten alle anderen Schüler/innen die von ihnen jeweils ausgewählte Ampelkarte gleichzeitig hoch. Hierdurch soll vermieden werden, dass sich die Schüler/innen untereinander in der Wahl beeinflussen. Machen Sie deutlich, dass es keine richtigen oder falschen Antworten gibt. Jede/r soll seine Wahl entsprechend seinem eigenen Gefühl treffen. Um den Einstieg zu erleichtern, können Sie die erste Situationskarte gegebenenfalls selbst vorlesen.

Nach jeder Abstimmung wird die jeweilige Situationskarte an die Tafel oder auf das »Brown-Paper« geheftet. Tragen Sie die Abstimmungsergebnisse in die jeweilige Ampel auf der Situationskarte ein (vgl. Beispiel in Abb. 13). Diskutieren Sie nach jeder Abstimmung und am Ende der Übung die Ergebnisse (s. u. »Leitfragen und Anregungen zur Diskussion«). Zum Abschluss erklären Sie, was Cybermobbing ist:

Cybermobbing sind alle Formen von Schikane, Verunglimpfung, Betrug, Verrat und Ausgrenzung mithilfe von Informations- und Kommunikationstechnologien, bei denen sich das Opfer hilflos oder ausgeliefert und (emotional) belastet fühlt oder bei denen es sich voraussichtlich so fühlen würde, falls es von diesen Vorfällen wüsste (vgl. Kapitel 2.1, S. 18).

Aus unserer Sicht ist hierbei der wichtigste Punkt zu verstehen, dass es sich auch dann um Cybermobbing handelt, wenn nur eine einzige Person eine geschilderte Situation mit der roten Ampelkarte bewertet hat, sich also beispielsweise dadurch belastet fühlen würde. Hierbei ist wichtig zu beachten, dass wahrscheinlich nicht alle geschilderten Situationen als Cybermobbing bewertet werden – das ist auch nicht vorgesehen.

Leitfragen und Anregungen zur Diskussion

Nach jeder verlesenen Situation und Abstimmung:

- Wer möchte erklären, warum er für diese Situation die grüne/gelbe/rote Ampelkarte gewählt hat?

Zum Ende der Übung:

- Welche Situation fandet ihr am schlimmsten? Warum?
- Welche Situation fandet ihr am wenigsten schlimm? Warum?
- Bei welchen Situationen wart ihr euch sehr uneinig? Warum?
- Was haben (fast) alle Situationen gemeinsam?

Übung 8: Ballast

Ziel der Übung

Dies ist eine Schwerpunktübung, die sich besonders an potenzielle Opfer von Cybermobbing richtet. Dabei sollen die Schüler/innen die individuell unterschiedliche Wirkung von Cybermobbing und ihre persönliche »Schmerzgrenze« erkunden. Ein Ziel dieser Übung ist es, in der Klasse zu definieren, was Cybermobbing ist. Außerdem dient diese Übung der Entwicklung und Diskussion konkreter Bewältigungsstrategien, wenn es zu Cybermobbing kommt, besonders betont wird hierbei die Strategie »Hilfe holen« (vgl. Kapitel 2.6, S. 37).

Hinweise zu Voraussetzungen und Durchführung

- Wenn Sie diese Übung mit den Schüler/innen durchführen, sollten sie Übung 7 (»Ampel«, S. 67 ff.) nicht mehr bearbeiten, da sich die beiden Übungen in Teilen überschneiden. Diese Übung empfiehlt sich besonders, wenn Sie ausreichend Zeit haben, um Bewältigungsstrategien bei Cybermobbing mit den Schüler/innen zu entwickeln. Sie funktioniert am besten, wenn die Schüler/innen sich schon etwas mit dem Thema Cybermobbing beschäftigt haben. Wir schlagen vor, dass Sie vor dieser Übung mindestens eine Einstiegsübung durchführen und den Film »Cybermobbing gegen Max« (Übung 4, S. 59 f.) zeigen.
- Dauer der Übung: min. 45 Minuten

Aufwand

- erforderliche Medienkompetenz: mittel
- organisatorischer Aufwand: hoch

Materialien

- »Situationskarten« (vier Beispiele in Kopiervorlagen 10 und 11, S. 107 und 108; alle 16 Situationskarten im Elektronischen Anhang 4 auf beiliegender DVD)
- pro Schüler/in drei »Ampelkarten«, je eine in den Farben grün, gelb und rot
- große Jacke mit möglichst vielen Taschen
- viele mittelgroße Steine
- Tafel und Kreide
- optional: pro Schüler/in eine »Cyberbullying-Broschüre« der Jugendinformation der Stadt Bremen, in der die wichtigsten Ratschläge und Bewältigungsstrategien gegen Cybermobbing gut zusammengefasst sind (vgl. Kapitel 2.8, S. 47)

Vorbereitung

- *Lehrer/innen:* Informieren Sie sich über die auf den Situationskarten erwähnten Begriffe, beispielsweise in entsprechenden Lexika im Internet (vgl. S. 49). Sie sollten sich vorab umfassend über mögliche Strategien im Fall von Cybermobbing informieren (vgl. Kapitel 2.6, S. 36 ff.). Schneiden Sie aus farbigem Karton grüne, gelbe und rote Ampelkarten aus. Drucken Sie die Situationskarten aus und schneiden Sie sie zurecht. Bereiten Sie die Diskussion zur Auswertung der Übung vor. Optional können Sie die »Cyberbullying-Broschüre« ausdrucken.
- *Schüler/innen:* Eine Vorbereitung der Schüler/innen ist nicht zwangsläufig erforderlich. Es ist hilfreich, wenn die Schüler/innen den Film »Cybermobbing gegen Max« (Übung 4, S. 59 f.) gesehen und verstanden haben.

Ablauf der Übung

Eine freiwillige Schülerin oder ein freiwilliger Schüler spielt in dieser Übung das Cybermobbing-Opfer Max. »Max« zieht eine Jacke mit vielen Taschen an und stellt sich in die Mitte des Stuhlkreises. Verteilen Sie die Ampelkarten an die Schüler/innen. Jede/r bekommt eine grüne, eine gelbe und eine rote Ampelkarte. Erklären Sie die Bedeutung dieser Karten: Grün heißt »Das ist absolut in Ordnung!«, gelb heißt »Das ist nicht ganz in Ordnung!«, und rot heißt »Das geht gar nicht!«.

Im ersten Teil dieser Übung sollen freiwillige Schüler/innen nacheinander jeweils eine Situationskarte laut vorlesen. Alle anderen Schüler/innen sollen sich überlegen, wie sie diese Situation bewerten. Entsprechend sollen sie mit einer ihrer Ampelkarten abstimmen. Das funktioniert so: Nachdem der Schüler in der Mitte eine Situationskarte vorgelesen hat, zählt er langsam bis drei, und bei drei halten alle anderen Schüler/innen die von ihnen jeweils ausgewählte Ampelkarte gleichzeitig hoch. Hierdurch soll vermieden werden, dass sich die Schüler/innen untereinander in der Wahl ihrer Karte beeinflussen. Machen Sie deutlich, dass es keine richtigen oder falschen Antworten gibt. Jede/r soll seine Wahl entsprechend seinem eigenen Gefühl treffen. Tragen Sie die Abstimmungsergebnisse in die jeweilige Ampel auf der Situationskarte ein (vgl. Abb. 13 auf S. 68). Diskutieren Sie nach jeder Abstimmung die Ergebnisse (s. u. »Leitfragen und Anregungen zur Diskussion«). Je nach Bewertung durch die Klasse werden dem Opfer 0 Steine, 1 Stein oder 2 Steine in die Jackentaschen gesteckt – je mehr rote Karten, desto mehr Steine (vgl. Abb. 14). Die bereits vorgelesenen Situationskarten werden um das Opfer herum auf den Fußboden gelegt.

Wenn alle Situationen vorgelesen und bewertet wurden, wird Max mit der Jacke nach seinen Empfindungen gefragt (s. u. »Leitfragen und Anregungen zur Diskussion«). Hier sollte er die Belastung durch die Steine benennen. Verdeutlichen Sie an dieser Stelle, dass Cybermobbing für die Opfer sehr belastend sein kann. Zum Abschluss dieses Teils erklären Sie, was Cybermobbing ist:

> Cybermobbing sind alle Formen von Schikane, Verunglimpfung, Betrug, Verrat und Ausgrenzung mit Hilfe von Informations- und Kommunikationstechnologien, bei denen sich das Opfer hilflos oder ausgeliefert und (emotional) belastet fühlt oder bei denen es sich voraussichtlich so fühlen würde, falls es von diesen Vorfällen wüsste (vgl. Kapitel 2.1, S. 18).

Aus unserer Sicht ist hierbei der wichtigste Punkt zu verstehen, dass es sich auch dann um Cybermobbing handelt, wenn nur eine einzige Person eine geschilderte Situation mit der roten Karte bewertet hat, sich also beispielsweise dadurch belastet fühlte. Hierbei ist wichtig zu beachten, dass wahrscheinlich nicht alle geschilderten Situationen als Cybermobbing bewertet werden – das ist auch nicht vorgesehen.

Im zweiten Teil dieser Übung sollen die Schüler/innen gemeinsam überlegen, welche Möglichkeiten Max zur Verfügung stehen, damit die Jacke wieder leichter wird und im übertragenen Sinne die (psychische) Belastung durch Cybermobbing verringert wird (s. u. »Leitfragen und Anregungen zur Diskussion«). Die Schüler/innen sollen lernen, dass man sich Erleichterung verschaffen kann, indem man sich jemandem anvertraut (vgl. Kapitel 2.6, S. 36 ff.). Max soll seinen Klassenkameraden von den Cybermobbing-Aktionen erzählen – oder diese zumindest kurz andeuten. Seine Erleichterung wird verdeutlicht, indem er seine Steine mit den Mitschülern teilt. Am Ende sind alle Steine unter den Schüler/innen verteilt, und die Last ist gemeinsam leichter zu tragen.

Abb. 14:
Foto von »Max« mit der Jacke, die mit Steinen gefüllt ist

Im dritten Teil dieser Übung machen Sie die Schüler/innen darauf aufmerksam, dass Max sich zwar erleichtert fühlen mag, einige der Cybermobbing-Aktionen aber immer noch im Internet nachwirken, da sie dort noch zu finden sind (z. B. ein peinlicher Film mit gemeinen Kommentaren bei YouTube). Dies wird dadurch verdeutlicht, dass die Situationskarten immer noch auf dem Boden liegen. An dieser Stelle sollen Bewältigungsstrategien diskutiert werden: Was kann getan werden, um den entstandenen Schaden zu beheben, die Spuren von Cybermobbing zu beseitigen und ähnliche Cybermobbing-Aktionen zu verhindern (s. u. »Leitfragen und Anregungen zur Diskussion«)? Sie sollten die Ideen der Schüler/innen an der Tafel festhalten, kritisch diskutieren und gegebenenfalls durch eigene Vorschläge ergänzen. Die aus unserer Sicht wichtigsten Punkte sind in Kapitel 2.6 (»Was tun bei Cybermobbing?«, S. 36 ff.) zusammengefasst. Jede Situation, für die eine gute Lösung gefunden wurde, kann vom Fußboden entfernt werden. Optional können Sie als Abschluss dieser Übung die »Cyberbullying-Broschüre« austeilen.

Leitfragen und Anregungen zur Diskussion

Nach jeder vorgelesenen Situationskarte und Abstimmung:

- Wer möchte erklären, warum er für diese Situation die grüne/gelbe/rote Ampelkarte gewählt hat?
- Wie belastend war die Situation? Wie viele Steine sollen wir Max geben?

Nach allen Abstimmungen Fragen an Max:

- Wie fühlst du dich jetzt?
- Wie belastend ist das Gewicht der Steine?

Nach allen Abstimmungen Fragen an alle Schüler/innen:

- Welche Situation fandet ihr am schlimmsten? Warum?
- Welche Situation fandet ihr am wenigsten schlimm? Warum?
- Bei welchen Situationen wart ihr euch sehr uneinig? Warum?

Fragen an alle Schüler/innen im zweiten und dritten Teil der Übung:

- Was kann Max tun, damit es ihm besser geht? (Hilfe holen)
- Was kann Max tun, um die Cybermobbing-Situationen zu lösen?
- Was können andere tun, um die Cybermobbing-Situationen zu lösen?
- Was könnte helfen, Cybermobbing in der Zukunft zu vermeiden?

Übung 9: Steckbrief

Ziel der Übung

Dies ist eine Schwerpunktübung, die sich besonders an potenzielle Opfer von Cybermobbing richtet. Ein Risikofaktor für die Wahrscheinlichkeit, Opfer von Cybermobbing zu werden, ist mangelnder Schutz der eigenen Daten im Internet (vgl. Kapitel 2.4, S. 28 ff.). Diese Übung hat das Ziel, Schüler/innen zu vermitteln, wie leicht es für andere sein kann, anhand scheinbar weniger unbedeutender Informationen auf ihre Identität zu schließen. Die im Internet verfügbaren Informationen bieten quasi eine »Angriffsfläche« für Cybermobbing. Dies wird anhand persönlicher Steckbriefe, wie man sie häufig im Internet findet, verdeutlicht (z. B. in sozialen Netzwerken wie schülerVZ).

Hinweise zu Voraussetzungen und Durchführung

- Diese Übung funktioniert am besten, wenn die Schüler/innen sich schon etwas mit dem Thema Cybermobbing beschäftigt haben. Wir schlagen vor, dass Sie vor dieser Übung mindestens eine Einstiegsübung durchführen und den Film »Cybermobbing gegen Max« (Übung 4, S. 59 f.) zeigen. Es bietet sich

außerdem an, vorher zusätzlich Übung 5 (»Tagebucheintrag«, S. 60 ff.) oder Übung 6 (»Gedanken und Gefühle«, S. 63 ff.) durchzuführen.
- Dauer der Übung: mind. 15 Minuten.

Aufwand
- erforderliche Medienkompetenz: gering
- organisatorischer Aufwand: gering

Materialien
- pro Schüler/in ein Übungsblatt »Steckbrief« (Kopiervorlage 12, S. 109)
- pro Schüler/in ein Kugelschreiber oder Faserschreiber

Vorbereitung
- *Lehrer/innen:* Informieren sie sich über die Gefahren und Verhaltensregeln im Umgang mit Daten im Internet (z. B. auf www.klicksafe.de). Kopieren Sie das Übungsblatt »Steckbrief«. Bereiten Sie die Diskussion zur Auswertung der Übung vor.
- *Schüler/innen:* Eine Vorbereitung der Schüler/innen ist nicht erforderlich. Es ist hilfreich, wenn die Schüler/innen sich an eigene Erfahrungen oder Szenen aus dem Film »Cybermobbing gegen Max« (Übung 4, S. 59 f.) erinnern können, die Gefahren im Umgang mit eigenen Daten deutlich machen.

Ablauf der Übung
Verteilen sie die Übungsblätter »Steckbrief« an alle Schüler/innen und geben Sie ihnen ca. 5 Minuten Zeit, diese auszufüllen (vgl. das Beispiel in Abb. 15 auf der nächsten Seite). Sammeln Sie anschließend die Steckbriefe ein und ziehen Sie zufällig einen davon aus dem Stapel. Lesen Sie von diesem Steckbrief nacheinander immer weitere Kategorien vor (z. B. Lieblingsfilm, Hobbys, Hassfach …), aber nicht den Namen. Die Schüler/innen sollen aufzeigen, sobald sie erraten haben, wer diesen Steckbrief geschrieben hat. Wenn ein paar Schüler/innen aufzeigen, fragen Sie sie nach dem Namen und sagen, ob der genannte Name richtig oder falsch ist. Dann ziehen Sie einen weiteren ausgefüllten Steckbrief aus dem Stapel und wiederholen Sie das Vorgehen. Sie sollten mit diesem Teil der Übung aufhören, sobald mehrere Steckbriefe richtig zugeordnet wurden.

Abschließend kommen Sie zur Auswertung der Übung (s. u. »Leitfragen und Anregungen zur Diskussion«). An dieser Stelle können Sie kritische Fragen stellen und eigene Punkte ergänzen. Es sollte deutlich werden, dass es für manche Schüler/innen sehr leicht ist, anhand weniger, scheinbar unbedeutender Informationen zu erraten, wer sich hinter dem jeweiligen »Steckbrief« verbirgt. Genauso verhält es sich mit den eigenen Daten im Internet: Wenige, scheinbar harmlose Informationen im Internet können potenzielle Täter von Cybermobbing viel Angriffsfläche bieten. Beispielsweise können sich Täter von Cybermobbing über Hobbys lustig machen oder Fotos verfremden (vgl. den Film »Cybermobbing gegen Max«). Daher sollten sich Schüler/innen folgender Punkte bewusst sein:

Vorname:	Mia	Nachname:	Menge
Geburtsdatum:	16.05.1990	Wohnort:	Moersfelde
Schule:	Marienschule	Klasse:	6b

Lieblingsfach:	Deutsch und Englisch
Hassfach:	Erdkunde
Beziehungsstatus:	Single, aber vielleicht bald nicht mehr
Hobbys:	Reiten, Inline-Skaten, Radfahren, in Urlaub fahren
Clubs/Vereine:	Reitverein Moersfelde
Lieblingsmusik:	Rihanna, Lady Gaga, Bruno Mars
Lieblingsbücher:	Bella & Edward-Bücher, Gregs Tagebücher, Warrior Cats
Lieblingsfilme:	Hexe Lilli, Kokowääh, Madagaskar
Was ich mag:	Schokopudding, Pferde, Lisa, meine beste Freundin
Was ich nicht mag:	Hausaufgaben, früh aufstehen, meinen großen Bruder Sven, weil der viel mehr darf als ich

Abb. 15: Beispiel für einen ausgefüllten Steckbrief

- Erstens kann jeder auf der ganzen Welt die persönlichen Angaben im Internet ansehen! Jeder sollte sich daher die Frage stellen: »Welche Informationen über mich würde ich einem Fremden auf der Straße geben?«
- Zweitens kann man Angaben im Internet nicht einfach wieder löschen! Jeder sollte sich daher die Frage stellen: »Sind dies Informationen, die ich beispielsweise meinem zukünftigen Arbeitgeber geben würde?«

Leitfragen und Anregungen zur Diskussion

- Habt ihr solche oder ähnliche Steckbriefe schon mal im Internet ausgefüllt?
- Habt ihr dabei alle Fragen vollständig und wahrheitsgemäß beantwortet? Warum? Warum nicht?
- Hättet ihr gedacht, dass man euch anhand so weniger Informationen so leicht identifizieren kann?
- Welche dieser Informationen würdet ihr einer fremden Person verraten, die euch auf der Straße anspricht?
- Welche dieser Informationen würdet ihr euren zukünftigen Arbeitgebern, euren zukünftigen Ehepartnern, euren Eltern oder euren Lehrer/innen verraten?
- Welche Konsequenzen zieht ihr daraus für euch?

Übung 10: Mini-Theater

Ziel der Übung

Dies ist eine Schwerpunktübung, die sich besonders an potenzielle Opfer und Zuschauer von Cybermobbing richtet. Diese Übung dient der Entwicklung und Diskussion konkreter Handlungsstrategien, wenn es zu Cybermobbing kommt (vgl. Kapitel 2.6, S. 36 ff.). Die Übung soll besonders die gemeinsame Verantwortung hervorheben, die in Fällen von Cybermobbing besteht. Dazu probieren Schüler/innen ihre Ideen in Form eines Rollenspiels aktiv aus.

Hinweise zu Voraussetzungen und Durchführung

- Wenn Sie diese Übung mit ihren Schüler/innen durchführen, sollten sie Übung 8 (»Ballast«, S. 69 ff.) nicht mehr bearbeiten, da sich die Zielsetzung dieser beiden Übungen überschneidet. Nur wenn Sie das Thema über mehrere Termine hinweg bearbeiten oder den Eindruck haben, dass die Schüler/innen das Übungsziel noch nicht erreicht haben, kann es sinnvoll sein, beide Übungen – mit zeitlichem Abstand – zu bearbeiten. Diese Übung lässt sich besonders gut mit Übung 7 (»Ampel«, S. 67 ff.) kombinieren.
- Dauer der Übung: min. 45 Minuten

Aufwand

- erforderliche Medienkompetenz: gering
- organisatorischer Aufwand: mittel

Materialien

- pro Gruppe von ca. 5 Schüler/innen eine Regieanweisung – die Hälfte der Gruppen bekommt die »Regieanweisung E-Mail« (Kopiervorlage 13, S. 110) die andere Hälfte der Gruppen die »Regieanweisung Handy« (Kopiervorlage 14, S. 111)
- pro Schüler/in eine Süßigkeit – es sollte pro geplanter Gruppe eine unterschiedliche Art von Süßigkeiten geben (z. B. für eine Gruppe von 15 Schüler/innen 5x Sorte A, 5x Sorte B und 5x Sorte C), alternativ können Sie auch andere Verfahren zur Gruppeneinteilung benutzen, z. B. die Gruppen aus Übung 1 (»Onlinechaos«, S. 53 ff.)
- Kiste oder Ähnliches zum Mischen und Ziehen der Süßigkeiten
- pro Gruppe »E-Mail« ein Laptop oder Keyboard als Requisit
- pro Gruppe »Handy« ein Handy als Requisit
- Tafel und Kreide oder alternativ große Papierbögen (z. B. »Brown-Paper«) und dicke Faserstifte (z. B. Edding)
- optional: pro Schüler/in eine »Cyberbullying-Broschüre« der Jugendinformation der Stadt Bremen, in der die wichtigsten Ratschläge und Bewältigungsstrategien gegen Cybermobbing gut zusammengefasst sind (vgl. Kapitel 2.8, S. 47).

Vorbereitung

- *Lehrer/innen:* Sie sollten sich vorab umfassend über mögliche Strategien im Fall von Cybermobbing informieren (vgl. Kapitel 2.6, S. 36 ff.). Kopieren Sie die »Regieanweisung E-Mail« und die »Regieanweisung Handy«. Besorgen Sie die notwendigen Requisiten und Süßigkeiten. Bereiten Sie die Diskussion zur Auswertung der Übung vor.
- *Schüler/innen:* Eine Vorbereitung der Schüler/innen ist nicht zwangsläufig erforderlich. Es ist hilfreich, wenn die Schüler/innen den Film »Cybermobbing gegen Max« (Übung 4, S. 59 f.) gesehen und verstanden haben. Hilfreich ist auch, wenn die Schüler/innen mit Rollenspielen vertraut sind.

Ablauf der Übung

Teilen Sie die Schüler/innen in Gruppen von ca. fünf Schüler/innen ein. Lassen Sie dazu die Kiste mit den vorbereiteten Süßigkeiten herumgehen, aus der die Schüler/innen zufällig eine Süßigkeit ziehen sollen. Wer die gleiche Süßigkeit gezogen hat, gehört in dieselbe Gruppe. Verteilen Sie die Übungsblätter »Regieanweisung E-Mail« und »Regieanweisung Handy« an diese Gruppen, sodass die Mitglieder einer Gruppe immer dasselbe Übungsblatt haben. Bei größeren Klassen bekommen jeweils zwei bis drei Gruppen dieselben Übungsblätter.

In jeder Regieanweisung wird ein Fall von Cybermobbing aus der Perspektive eines Opfers (»Regieanweisung Handy«) oder aus der Perspektive einer Zuschauerin (»Regieanweisung E-Mail«) geschildert. Die Schüler/innen sollen sich in ihren Gruppen mit ihrer jeweiligen Geschichte auseinandersetzen und zunächst versuchen, sich in die beschriebenen Charaktere hineinzuversetzen. Die Gruppen müssen gemeinsam nach möglichen Lösungswegen suchen, die ihrer Meinung nach beste Lösung auswählen und diese in Form eines kurzen Rollenspiels umsetzen.

Zur Vorbereitung des Rollenspiels sollten Sie mindestens 20 Minuten zur Verfügung stellen, manche Gruppen benötigen deutlich mehr Zeit. Unterstützen Sie die Gruppen individuell und geben Sie bei Bedarf Hilfestellungen. Erfahrungsgemäß konzentrieren sich viele Gruppen eher auf unwichtige Aspekte der Übung wie beispielsweise auf die Rollenzuteilung oder die Vorbereitung weiterer Requisiten. Weisen Sie explizit darauf hin, dass das Wichtigste ist, eine inhaltlich gute Lösung für das jeweilige Cybermobbing-Problem zu finden!

Nach Ablauf der Zeit bitten Sie eine der Gruppen »E-Mail« und eine der Gruppen »Handy«, ihr Rollenspiel vorzuspielen. Die anderen Gruppen mit den gleichen Regieanweisungen können jeweils eingebunden werden, indem sie beispielsweise vorher die Regieanweisungen laut vorlesen und indem sie im Anschluss ihre Lösungen kurz skizzieren und damit die vorgespielte Lösung ergänzen. Aufgabe der übrigen Schüler/innen ist es, darauf zu achten, welche Lösungen von der Gruppe gewählt wurden und wie effektiv diese Lösungen sind. Wenn Sie genügend Zeit haben, können Sie alternativ alle Gruppen vorspielen lassen.

Zum Abschluss dieser Übung werden die Lösungsmöglichkeiten diskutiert und gegebenenfalls durch weitere Vorschläge der anderen Schüler/innen ergänzt (s. u. »Leitfragen und Anregungen zur Diskussion«). Sie sollten alle Ideen der Schüler/innen an der Tafel festhalten (vgl. Beispiel in Abb. 16), kritisch diskutieren und gegebenenfalls durch eigene Vorschläge ergänzen (vgl. Kapitel 2.6, S. 36 ff.).

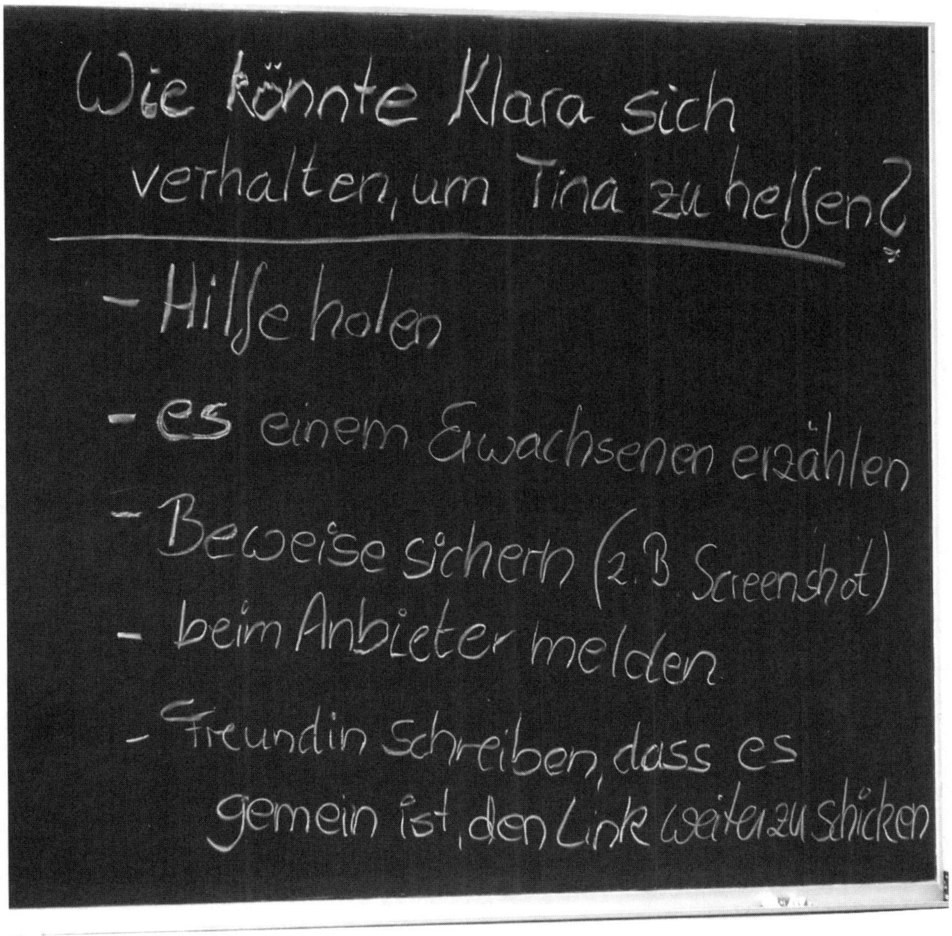

Abb. 16: Ein Beispiel für gesammelte Strategien für das Problem »E-Mail«

Optional können Sie als Abschluss dieser Übung die »Cyberbullying-Broschüre« austeilen.

Leitfragen und Anregungen zur Diskussion

- → Welche Lösungsstrategien hat sich die Gruppe überlegt? Warum?
- → Wie gefällt euch die vorgeschlagene Lösung? Warum gut? Warum schlecht?
- → Glaubt ihr, dass die vorgeschlagene Lösung wirkt? Warum? Warum nicht?
- → Fallen euch noch weitere Lösungen für das geschilderte Problem ein?

Übung 11: Einfach zuschauen?

Ziel der Übung

Dies ist eine Schwerpunktübung, die sich besonders an potenzielle Zuschauer von Cybermobbing richtet. Schüler/innen sollen in dieser Übung lernen, dass Cybermobbing immer in einem sozialen Umfeld stattfindet und selten nur Täter und Opfer, sondern auch Zuschauer betrifft und von ihnen aufrechterhalten wird (vgl. Kapitel 2.2, S. 18 ff.). Diese Übung dient vor allem dazu, den Schüler/innen die verschiedenen Funktionen der Zuschauer zu verdeutlichen: Zuschauer können wegschauen (Außenstehende), den Täter aktiv unterstützen (Verstärker) oder dem Opfer helfen (Verteidiger). Daher sollen Schüler/innen lernen, dass sie mit dem eigenen Handeln Verantwortung für Cybermobbing tragen – auch wenn sie nicht aktiv daran beteiligt sind.

Hinweise zu Voraussetzungen und Durchführung

- Diese Übung funktioniert am besten, wenn sich die Schüler/innen schon etwas mit dem Thema Cybermobbing beschäftigt haben. Wir schlagen vor, dass Sie vor dieser Übung mindestens eine Einstiegsübung durchführen und den Film »Cybermobbing gegen Max« (Übung 4, S. 59 f.) zeigen. Es bietet sich außerdem an, vorher zusätzlich Übung 5 (»Tagebucheintrag«, S. 60 ff.) oder Übung 6 (»Gedanken und Gefühle«, S. 63 ff.) und Übung 7 (»Ampel«, S. 67 ff.) oder Übung 8 (»Ballast«, S. 69 ff.) durchzuführen.
- Diese Übung erfordert, dass die Schüler/innen häufig zwischen der Perspektive des Zuschauers und der des Opfers von Cybermobbing wechseln. Sie sollte daher nur mit Klassen durchgeführt werden, die dazu fähig sind. Erfahrungsgemäß identifizieren sich einige Schüler/innen sehr stark mit ihrer vorübergehenden Rolle. Dann gelingt dieser Perspektivenwechsel selten.
- Der »Abstimmungs-Daumen« ist keineswegs international gleichbedeutend und verständlich. Erklären Sie Schüler/innen aus anderen Kulturkreisen dieses Symbol oder ersetzen es gegebenenfalls durch einen Pfeil.
- Dauer der Übung: min. 30 Minuten

Aufwand

- erforderliche Medienkompetenz: mittel
- organisatorischer Aufwand: hoch

Materialien

- pro 2 Schüler/innen ein Übungsblatt »Cybermobbing-Situationen« (Beispiele in Kopiervorlagen 15–17, S. 112–114; alle 21 »Cybermobbing-Situationen« im Elektronischen Anhang 5 auf beiliegender DVD)
- 3 Ausdrucke des »Abstimmungs-Daumens« (Kopiervorlage 18, S. 115)
- 3 leere Blätter DIN A3
- 3 dicke Faserstifte (z. B. Edding)
- Kreppband
- Tafel und Kreide
- optional: PowerPoint-Präsentation mit einer »Beispiel Cybermobbing-Situation« (Elektronischer Anhang 6 auf beiliegender DVD)

Vorbereitung

- *Lehrer/innen:* Machen Sie sich vorab mit dem Film »Cybermobbing gegen Max« vertraut (Übung 4, S. 59 f.). Informieren Sie sich vorher über die verschiedenen sozialen Rollen bei Cybermobbing (vgl. Kapitel 2.2, S. 18 ff.). Drucken Sie die »Cybermobbing-Situationen« aus und kopieren Sie den »Abstimmungs-Daumen«. Bereiten Sie die Diskussion zur Auswertung der Übung vor.

→ *Schüler/innen:* Die Schüler/innen müssen den Film »Cybermobbing gegen Max« (Übung 4, S. 59 f.) gesehen und verstanden haben und wissen, was Cybermobbing ist.

Ablauf der Übung

Zur Einleitung dieser Übung gehen Sie die verschiedenen Rollen des Films »Cybermobbing gegen Max« durch (Opfer, Täter und Zuschauer). Kündigen Sie an, dass sich drei Arten von Zuschauern unterscheiden lassen. Welche drei das sind, sollen die Schüler/innen in dieser Übung herausfinden – verraten Sie das also nicht!

Erläutern Sie die Übung anhand eines Beispiels – optional mithilfe der PowerPoint-Präsentation »Beispiel Cybermobbing-Situation« –, oder nutzen Sie alternativ eine der anderen »Cybermobbing-Situationen« zur Demonstration. Es geht in der Übung um Max, das Opfer aus dem Film »Cybermobbing gegen Max«. Max hat Cybermobbing erlebt – zum Beispiel hat ihm jemand eine gemeine Nachricht auf die Pinnwand im schülerVZ geschrieben. Die rot bzw. gestrichelt umkreisten Bemerkungen unterhalb der »Cybermobbing-Situationen« beschreiben jeweils eine mögliche Reaktion eines Zuschauers. In dieser Übung geht es nicht um die Cybermobbing-Situationen selbst, sondern nur um diese Reaktionen der Zuschauer!

Für den ersten Teil der Übung verteilen Sie die Übungsblätter »Cybermobbing-Situationen« nach dem Zufallsprinzip an die Schüler/innen. Es bekommen immer zwei Schüler/innen zusammen ein Übungsblatt. Die Aufgabe ist zunächst, das Übungsblatt aufmerksam durchzulesen und zu verstehen, vor allem die Zuschauerreaktion. Weisen Sie darauf hin, dass jede Zweiergruppe ein eigenes Übungsblatt hat, das sich von allen anderen Übungsblättern unterscheidet. Die Zweiergruppen sollen sich mit anderen Gruppen austauschen und Zweiergruppen finden, deren Zuschauerreaktionen ihrer eigenen ähneln. Dabei müssen die »Cybermobbing-Situationen« oder die genutzten Medien sich nicht ähneln! Alle ähnlichen Zweiergruppen sollen sich jeweils zu einer größeren Gruppe zusammenfinden. Sie als Lehrer/in sollten vorher verraten, dass es insgesamt drei Gruppen gibt. Weisen Sie jeder Gruppe einen Sammelplatz im Klassenraum zu. Als Zeichen, dass die Gruppe sich gefunden hat, sollen sich die Schüler/innen dort auf den Boden setzen.

Im zweiten Teil der Übung bekommt jede der drei Gruppen die Anleitung zum weiteren Vorgehen einzeln: Fordern Sie jede Gruppe auf, sich zu überlegen, was die Zuschauerreaktionen auf ihren Übungszetteln gemeinsam haben. Die Gruppen sollen sich aufgrund dessen einen passenden Namen für ihre Gruppe ausdenken. Der Name wird mit Edding auf einen großen Zettel geschrieben und an die Tafel geklebt (vgl. Beispiel in Abb. 17 auf der nächsten Seite). Wenn alle Namen an der Tafel hängen, fordern Sie die Gruppen auf, die Wahl ihres Gruppennamens jeweils anhand von typischen Zuschauerreaktionen auf ihren Übungsblättern zu erklären. Die Gruppennamen sollten inhaltliche Ähnlichkeiten mit Begriffen wie *Verstärker* (unterstützen den Täter), *Verteidiger* (verteidigen das Opfer) und *Außenstehende* (tun nichts oder wenden sich ab) aufweisen. Sammeln Sie Stichpunkte, die beschreiben, wodurch sich die verschiedenen Gruppen von Zuschauern auszeichnen, und notieren Sie diese auf den Zetteln mit den selbst gewählten Namen oder

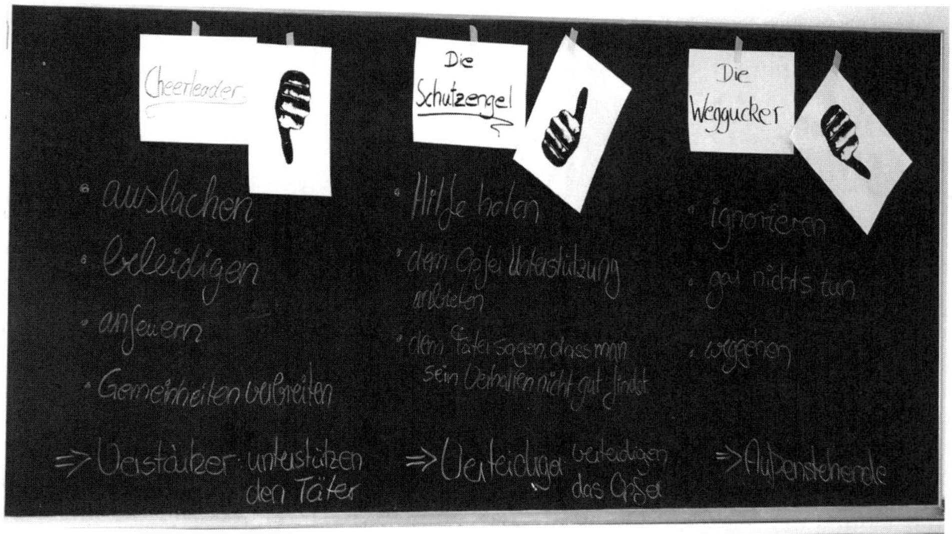

Abb. 17: Beispiele für von Schüler/innen gewählte Namen für Zuschauergruppen und ihre Bewertungen

auf der Tafel (z. B. »Verstärker: beleidigen, auslachen«; vgl. Abb. 17). Diskutieren Sie die Ergebnisse mit den Schüler/innen (s. u. »Leitfragen und Anregungen zur Diskussion«).

Im dritten Teil der Übung sollen die Schüler/innen beurteilen, wie Max das Verhalten der verschiedenen Zuschauer finden würde. Bitten Sie jede der drei Zuschauergruppen um eine Abstimmung aller Schüler/innen mit dem Daumen. Dabei bedeutet ein nach oben zeigender Daumen »Max findet das Verhalten der Zuschauer gut«, ein parallel zum Boden stehender Daumen bedeutet »Max findet das Verhalten der Zuschauer mittelmäßig«, und ein nach unten zeigender Daumen bedeutet »Max findet das Verhalten der Zuschauer überhaupt nicht gut«. Machen Sie deutlich, dass es keine richtigen oder falschen Antworten gibt. Jeder soll seine Wahl entsprechend seinem eigenen Gefühl treffen. Für die Auswertung dieser Abstimmung zählen Sie die Antworten aus und heften jeweils einen »Abstimmungs-Daumen« an jeden Gruppennamen. Dabei können Sie diesen stufenlos so ausrichten, dass er am besten die Meinung der gesamten Klasse widerspiegelt (vgl. Abb. 17). Diskutieren Sie das Gesamtergebnis mit der Klasse kritisch und ergänzen Sie gegebenenfalls eigene Punkte (s. u. »Leitfragen und Anregungen zur Diskussion«).

Aus unserer Sicht gibt es dabei vor allem einen wichtigen Punkt: Immer wenn Schüler/innen Cybermobbing mitbekommen, sind sie automatisch Teil der Cybermobbing-Situation. Dadurch, wie sie reagieren – auch wenn sie sich nicht aktiv an Cybermobbing beteiligen –, haben sie einen Einfluss darauf, wie sich das Opfer von Cybermobbing fühlt. Das Opfer kann sich einerseits noch schlechter fühlen, wenn es hilflos und alleine ist, aber es kann sich andererseits auch besser fühlen, wenn es merkt, dass sich jemand einsetzt, um ihm zu helfen. Darüber hinaus beeinflussen Schüler/innen durch ihre Reaktion auch das Verhalten von Tätern von Cybermobbing: Wenn Täter keine Unterstützung bekommen, beispielsweise durch das Anfeuern von Zuschauern, dann hören sie wahrscheinlich schneller mit Cybermobbing auf. Daher sollte man sich immer gut überlegen, wie man reagiert, wenn man von Cybermobbing erfährt.

Leitfragen und Anregungen zur Diskussion

- Stellt euch vor, ihr seid Max. Wie findet ihr es, wenn sich eure Mitschülerinnen und Mitschüler wie die Verstärker/Verteidiger/Zuschauer (hier die von den Schüler/innen gewählten Gruppennamen wählen) verhalten? (jeweils Abstimmung)
- Warum findet ihr die Reaktion der Verstärker/Verteidiger/Zuschauer (hier die von den Schüler/innen gewählten Gruppennamen wählen) gut bzw. schlecht?
- Welche Reaktion der Zuschauer könnte am ehesten dazu führen, dass es in der Zukunft weniger Cybermobbing gibt? Warum?

Übung 12: Cybermobbing und du

Ziel der Übung

Dies ist eine Schwerpunktübung, die sich besonders an potenzielle Täter von Cybermobbing richtet. Das Ziel dieser Übung ist, dass die Schüler/innen lernen, dass medial vermittelte Kommunikation den gleichen sozialen Regeln unterliegt wie persönliche Kommunikation. Gemeinheiten, die im Internet verbreitet werden, haben auch im realen Leben Konsequenzen – ein echter Mensch mit Gedanken und Gefühlen ist betroffen. Dazu wird ein Vergleich zwischen einer (gemeinen) E-Mail und einer realen Situation auf dem Schulhof hergestellt. Es soll vermittelt werden, dass in einer E-Mail nur das geschrieben werden sollte, was man dem Empfänger auch direkt ins Gesicht sagen würde.

Hinweise zu Voraussetzungen und Durchführung

- Wenn Sie diese Übung mit den Schüler/innen durchführen, sollten sie Übung 13 (»Alles nur Spaß«, S. 84 ff.) nicht mehr bearbeiten, da sich die Zielsetzung dieser beiden Übungen überschneidet. Nur wenn Sie das Thema über mehrere Termine hinweg bearbeiten oder den Eindruck haben, dass die Schüler/innen das Übungsziel noch nicht erreicht haben, kann es sinnvoll sein, beide Übungen – mit zeitlichem Abstand – zu bearbeiten.
- Diese Übung funktioniert am besten, wenn die Schüler/innen sich schon etwas mit dem Thema Cybermobbing beschäftigt haben. Wir schlagen vor, dass Sie vor dieser Übung mindestens eine Einstiegsübung durchführen und den Film »Cybermobbing gegen Max« (Übung 4, S. 59 f.) zeigen. Es bietet sich außerdem an, vorher zusätzlich Übung 5 (»Tagebucheintrag«, S. 60 ff.) oder Übung 6 (»Gedanken und Gefühle«, S. 63 ff.) und Übung 7 (»Ampel«, S. 67 ff.) oder Übung 8 (»Ballast«, S. 69 ff.) durchzuführen.
- Wir haben diese Übung bereits mit mehreren Klassen erfolgreich durchgeführt, allerdings funktioniert sie nicht immer wie geplant. Gerade in Gruppen, die das Thema nicht ernst nehmen, kann diese Übung schwierig sein. Wenn es Schüler/innen in der Klasse gibt, die stolz auf die gemeinen E-Mails sind, die sie verfasst haben, kann die Übung sogar gegenteilige Effekte haben!
- Dauer der Übung: min. 15 Minuten

Aufwand

- erforderliche Medienkompetenz: gering
- organisatorischer Aufwand: mittel

Materialien

- pro Schülerin ein Übungsblatt »E-Mail Vorlage Mädchen« (Kopiervorlage 19, S. 116) und pro Schüler ein Übungsblatt »E-Mail Vorlage Jungen« (Kopiervorlage 20, S. 117)
- pro Schüler/in ein Kugelschreiber oder Faserschreiber

Vorbereitung

- *Lehrer/innen:* Informieren Sie sich vorher über die Besonderheiten von Cybermobbing im Vergleich zu Mobbing in der Schule (vgl. Kapitel 2.2, S. 18 ff.) und über die Folgen von Cybermobbing (vgl. Kapitel 2.5, S. 31 ff.). Kopieren Sie die Übungsblätter »E-Mail Vorlage Mädchen« und »E-Mail Vorlage Jungen«. Bereiten Sie die Diskussion zur Auswertung der Übung vor.
- *Schüler/innen:* Eine Vorbereitung der Schüler/innen ist nicht erforderlich.

Ablauf der Übung

Für den ersten Teil der Übung verteilen Sie die Übungsblätter »E-Mail Vorlage Mädchen« an alle Schülerinnen und »E-Mail Vorlage Jungen« an alle Schüler. Die Schüler/innen sollen die jeweilige Rollenbeschreibung auf dem Übungsblatt lesen und dann aus der dargestellten Perspektive eine E-Mail an eine andere Schülerin oder einen anderen Schüler verfassen. Dabei sollen sie ihrer Fantasie freien Lauf lassen und alles schreiben, was sie möchten, auch gemeine Dinge (vgl. Beispiel in Abb. 18)! Geben Sie den Schüler/innen ca. 7 Minuten Zeit, das Übungsblatt zu lesen und eine E-Mail zu verfassen. Alle Schüler/innen, die damit fertig sind, sollen das Übungsblatt mit der Rückseite nach oben vor sich auf den Boden legen.

Im zweiten Teil der Übung werden die Schüler/innen anfangs über den weiteren Verlauf der Übung getäuscht. Versetzen Sie sie in den Glauben, sie sollten in der Folge ihre E-Mail laut einem Mitschüler vorlesen. Beispielsweise könnten Sie sagen: »Ich werde jetzt zwei von euch auswählen, um eine Situation nachzuspielen. Einer von euch wird seine E-Mail vorlesen, und zwar nicht als E-Mail, sondern so, als würde er seinem Mitschüler alles Geschriebene direkt ins Gesicht sagen, beispielsweise auf dem Schulhof. Der andere wird sich das anhören.« Bitten Sie alle Schüler/innen, ihre Augen zu schließen. Kündigen Sie dann an, dass Sie nun durch die Reihen gehen werden, um die zwei Schüler/innen auszuwählen. Wer einmal angetippt wird, soll seine E-Mail vorlesen, wer zweimal angetippt wird, soll zuhören. Gehen Sie langsam durch die Reihen, tippen Sie aber niemanden an! Dann bitten Sie die Schüler/innen, die Augen wieder zu öffnen. Im Anschluss fragen Sie in die Klasse, wer auserwählt wurde. Da sich niemand meldet, ist der Moment gekommen, die Täuschung aufzuklären. Diskutieren Sie mit den Schüler/innen über ihre Gefühle und werten Sie so diese Übung aus (s. u. »Leitfragen und Anregungen zur Diskussion«). Zum Abschluss der Übung sollen alle geschriebenen »E-Mails« vernichtet werden, damit niemand diese Gemeinheiten zu sehen bekommt.

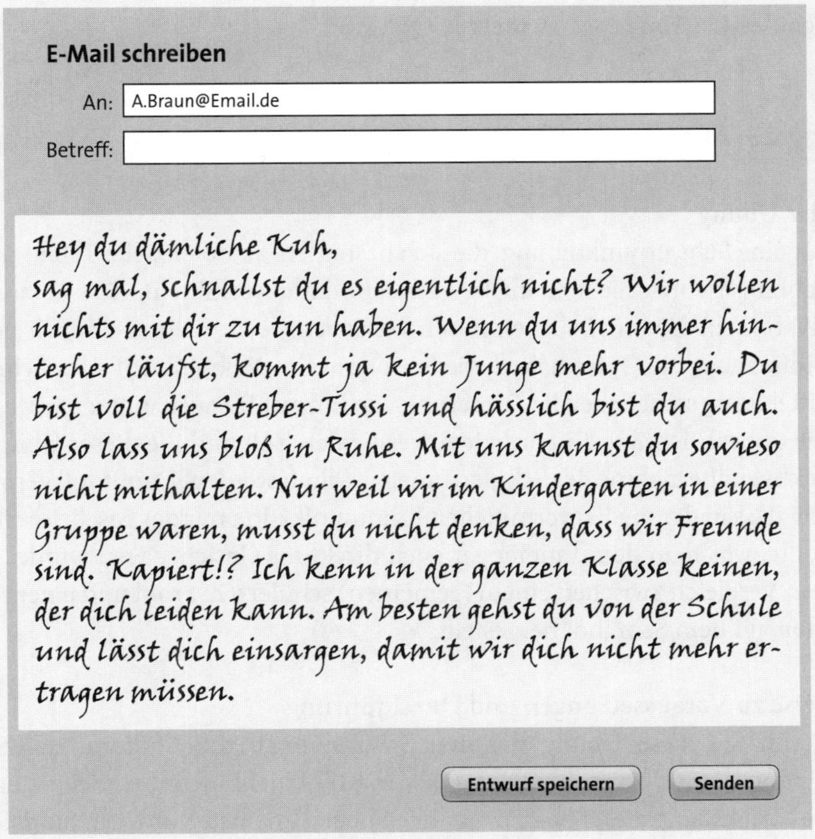

Abb. 18: Beispiel einer gemeinen E-Mail aus dieser Übung

In der Diskussion sollten Sie vor allem einen wichtigen Punkt betonen, den Sie auch durch Fragen und eigene Anmerkungen deutlich machen können: Die meisten Schüler/innen fühlen sich sehr unwohl bei dem Gedanken, dass sie ihre geschriebenen Gemeinheiten anderen Schüler/innen ins Gesicht sagen müssen. Sie erklären dies in der Regel dadurch, dass sie es leichter finden, Gemeinheiten in einer E-Mail zu schreiben, als diese anderen direkt zu sagen. Das deutet darauf hin, dass bei der medial vermittelten Kommunikation die Hemmschwelle der Schüler/innen sinkt (vgl. Kapitel 2.2, S. 18 ff.). Trotzdem kann eine E-Mail beim Empfänger ähnlich negative Folgen haben wie beispielsweise eine direkte Beleidigung (vgl. Kapitel 2.5, S. 31 ff.).

Leitfragen und Anregungen zur Diskussion

- Wie habt ihr euch gefühlt, als ihr dachtet, ihr müsstet gleich eure E-Mail vorlesen, so als ob ihr das einem Mitschüler ins Gesicht sagt? (Dabei sollten Sie zumindest ein paar Schüler/innen finden, denen das unangenehm war.)
- Warum habt ihr euch so gefühlt? (Dabei sollte herauskommen, dass es oft einfacher ist, Gemeinheiten zu schreiben, als sie jemandem direkt zu sagen.)
- Warum schreibt man in E-Mails Dinge, die man in der Realität gar nicht gerne sagen würde?

- Gilt das auch für andere Anwendungen im Internet und für das Handy? Chat? schülerVZ? YouTube? Twitter? ICQ? SMS?

Übung 13: Alles nur Spaß?

Ziel der Übung

Dies ist eine Schwerpunktübung, die sich besonders an potenzielle Täter von Cybermobbing richtet. Sie soll ein Bewusstsein dafür vermitteln, dass auch Mobbing-Aktionen, die im virtuellen Raum vollzogen werden, einen ähnlich negativen Einfluss auf die Opfer haben wie beispielsweise Mobbing auf dem Schulhof. Im Mittelpunkt steht dabei die Förderung von Empathie sogenannter »Spaßtäter«. Um die unbeabsichtigte Täterschaft zu vermeiden, soll mithilfe dieser Übung die Perspektivenübernahme der Schüler/innen geschult werden. Damit soll vermittelt werden, dass in der medial vermittelten Kommunikation nur das geschrieben werden sollte, was man dem Empfänger auch direkt ins Gesicht sagen würde. Dazu wird ein Vergleich zwischen einem (gemeinen) schülerVZ-Profil und einer realen Situation auf dem Schulhof hergestellt.

Hinweise zu Voraussetzungen und Durchführung

- Wenn Sie diese Übung mit den Schüler/innen durchführen, sollten Sie Übung 12 (»Cybermobbing und du«, S. 81 ff.) nicht mehr bearbeiten, da sich die Zielsetzung dieser beiden Übungen überschneidet. Nur wenn Sie das Thema über mehrere Termine hinweg bearbeiten oder den Eindruck haben, dass die Schüler/innen das Übungsziel noch nicht erreicht haben, kann es sinnvoll sein, beide Übungen – mit zeitlichem Abstand – zu bearbeiten.
- Diese Übung funktioniert am besten, wenn die Schüler/innen sich schon etwas mit dem Thema Cybermobbing beschäftigt haben. Wir schlagen vor, dass Sie vor dieser Übung mindestens eine Einstiegsübung durchführen und den Film »Cybermobbing gegen Max« (Übung 4, S. 59 f.) zeigen. Es bietet sich außerdem an, vorher zusätzlich Übung 5 (»Tagebucheintrag«, S. 60 ff.) oder Übung 6 (»Gedanken und Gefühle«, S. 63 ff.) durchzuführen.
- Wir haben diese Übung bereits mit mehreren Klassen erfolgreich durchgeführt, allerdings funktioniert sie nicht immer wie geplant! Der Erfolg der Übung hängt sehr von den Argumenten der Schüler/innen ab: Teilweise finden sie sehr gute Argumente dafür, warum bei ihnen die Hemmschwelle, etwas Gemeines bei schülerVZ einzustellen, höher liegt als dafür, diese Gemeinheiten einem Mitschüler direkt ins Gesicht zu sagen – beispielsweise weil es im Internet für mehr Schüler/innen sichtbar ist.
- Dauer der Übung: min. 30 Minuten

Aufwand

- erforderliche Medienkompetenz: mittel
- organisatorischer Aufwand: hoch

Materialien

- ein »Profil Anna« in DIN A0[7] (Beispiel in Abb. 19 auf der nächsten Seite; Elektronischer Anhang 7 auf beiliegender DVD)
- alle »Profil-Informationen« (Beispiele in Abb. 19 auf der nächsten Seite; Elektronischer Anhang 8 auf beiliegender DVD)
- Klebeband
- ein »Dialog Anna«: entweder als Rollenspiel nach dem »Skript Dialog Anna« (Kopiervorlage 21, S. 118) oder als Hörspiel mit dem »Audio Dialog Anna« (Elektronischer Anhang 9 auf beiliegender DVD)
- pro Schüler/in vier Karten, je eine in den Farben hellgrün, dunkelgrün, orange und rot
- optional: Tafel und Kreide
- optional: Für die Visualisierung der Ergebnisse in Balkendiagrammen vier dicke Faserstifte (z. B. Edding) in den Farben hellgrün, dunkelgrün, orange und rot und vier große Papierbögen (z. B. Flipchart)
- optional: PowerPoint-Präsentation »Anna«, mit deren Hilfe die Bedeutung der Karten und die Abstimmungen erklärt werden kann (Elektronischer Anhang 10 auf beiliegender DVD)
- optional: Als mögliche weitere Option für den »Dialog Anna« – zumindest wenn die Schüler/innen gut Englisch verstehen – kann das Video »Kitchen Cyberbullying« des National Crime Prevention Council gezeigt werden (www.ncpc.org; Video auch verfügbar über www.youtube.com).

Vorbereitung

- *Lehrer/innen:* Informieren Sie sich vorher über die Besonderheiten von Cybermobbing im Vergleich zu Mobbing in der Schule (vgl. Kapitel 2.2, S. 18 ff.) und über die Folgen von Cybermobbing (vgl. Kapitel 2.5, S. 31 ff.). Machen Sie sich mit schülerVZ vertraut. Drucken Sie das »Profil Anna« aus. Kopieren Sie die »Profil-Informationen« und schneiden Sie die einzelnen Teile zu. Schneiden Sie aus farbigem Karton hellgrüne, dunkelgrüne, orange und rote Karten aus. Wählen Sie für den »Dialog Anna« die beste Option. Lesen Sie sich dazu das »Skript Dialog Anna« durch, hören Sie sich die Datei »Audio Dialog Anna« an und sehen Sie sich den Film »Kitchen Cyberbullying« an. Wählen Sie das Medium, das Ihnen am geeignetsten scheint. Bereiten Sie die Diskussion zur Auswertung der Übung vor.
- *Schüler/innen:* Die Schüler/innen sollten schülerVZ (oder ähnliche soziale Netzwerke) und seine Funktionen kennen.

Ablauf der Übung

Im Wesentlichen besteht diese Übung aus zwei Teilen, die jeweils zwei Abstimmungen der Schüler/innen zu unterschiedlichen Situationen enthalten.

Im ersten Teil der Übung hängen Sie das ausgedruckte »Profil Anna« an die Tafel und bitten eine Schülerin oder einen Schüler, Anna kurz vorzustellen, in-

7 Wenn Sie an der Schule keine Möglichkeit haben, auf DIN A0 zu drucken, so ist dies in vielen Copyshops möglich.

Abb. 19: Beispiel für das »Profil Anna« mit teilweise darüber geklebten gemeinen »Profil-Informationen«

dem sie/er das Profil vorliest. Geben Sie danach folgende kurze Schilderung von Annas Situation: »Anna hat mehrere Klassenkameradinnen. Mit einigen ist sie enger befreundet, und andere mag sie nicht so gerne leiden. Jessica geht auch in Annas Klasse. Jessica mag Anna überhaupt nicht, und daher hat sie beschlossen, ein neues Profil über Anna in schülerVZ zu erstellen. Dazu nutzt sie folgende Informationen.« Legen Sie die einzelnen »Profil-Informationen« auf dem Boden aus. Freiwillige Schüler/innen sollen sich jeweils einen Abschnitt aussuchen, ihn vorlesen und an einer geeigneten Stelle über Annas Originalprofil in schülerVZ heften (vgl. Beispiel in Abb. 19).

Wenn alle Informationen angebracht sind, lassen Sie die Schüler/innen zu zwei Fragen abstimmen. Machen Sie deutlich, dass es keine richtigen oder falschen Antworten gibt. Jeder soll seine Wahl entsprechend seinem eigenen Gefühl treffen. Für diese Abstimmung verteilen Sie an jeden Schüler vier Karten in den Farben hellgrün, dunkelgrün, orange und rot.

Die erste Frage zur Abstimmung mithilfe der farbigen Karten lautet: »*Wie fühlt sich Anna, wenn sie dieses schülerVZ-Profil über sich im Internet sieht?*« Dunkelgrün bedeutet hierbei »Anna ist sehr glücklich«, hellgrün bedeutet »Anna geht es gut«, orange bedeutet »Anna geht es nicht so gut«, und rot bedeutet »Anna ist sehr traurig«. Optional können Sie diese Bedeutungen mithilfe der PowerPoint-Präsentation »Anna« erklären. Auf ein Signal hin halten alle Schüler/innen jeweils eine farbige Karte hoch und stimmen damit ab. Zählen Sie aus, wie häufig die einzelnen Farben gewählt wurden, und notieren Sie das Ergebnis an der Tafel. Zur besseren Visualisierung können sie die Zahlen auch in ein Balkendiagramm umsetzen und dieses an der Tafel (vgl. Beispiel in Abb. 20) oder auf ein großformatiges Blatt Papier (z. B. Flipchart) zeichnen. Bitten Sie einige Schüler/innen, ihre Antwort knapp zu begründen (s. u. »Leitfragen und Anregungen zur Diskussion«).

Die zweite Frage zur Abstimmung mithilfe der farbigen Karten lautet: »*Stellt euch vor, ihr wärt Jessica. Wie groß wäre eure Überwindung, diese Dinge über Anna zu schreiben und ins Netz zu stellen?*« Oder: »*Wie schwer wäre es für euch, dieses Profil von Anna zu erstellen? Damit sind keine technischen Schwierigkeiten gemeint!*« Dunkelgrün bedeutet hierbei »Es wäre mir sehr leicht gefallen«, hellgrün bedeutet »Es wäre mir eher leicht gefallen«, orange bedeutet »Es wäre mir eher schwer gefallen«, und rot bedeutet »Es wäre mir sehr schwer gefallen«. Verfahren Sie wie bei der ersten Abstimmungsfrage, um die Ergebnisse festzuhalten. Zum Abschluss des ersten Teils dieser Übung decken Sie die Ergebnisse kurzzeitig ab, sodass sie für die Schüler/innen nicht sichtbar sind.

Im zweiten Teil der Übung nutzen Sie den »Dialog Anna«. Dieser kann entweder als Rollenspiel umgesetzt werden (»Skript Dialog Anna«) oder als Hörspiel

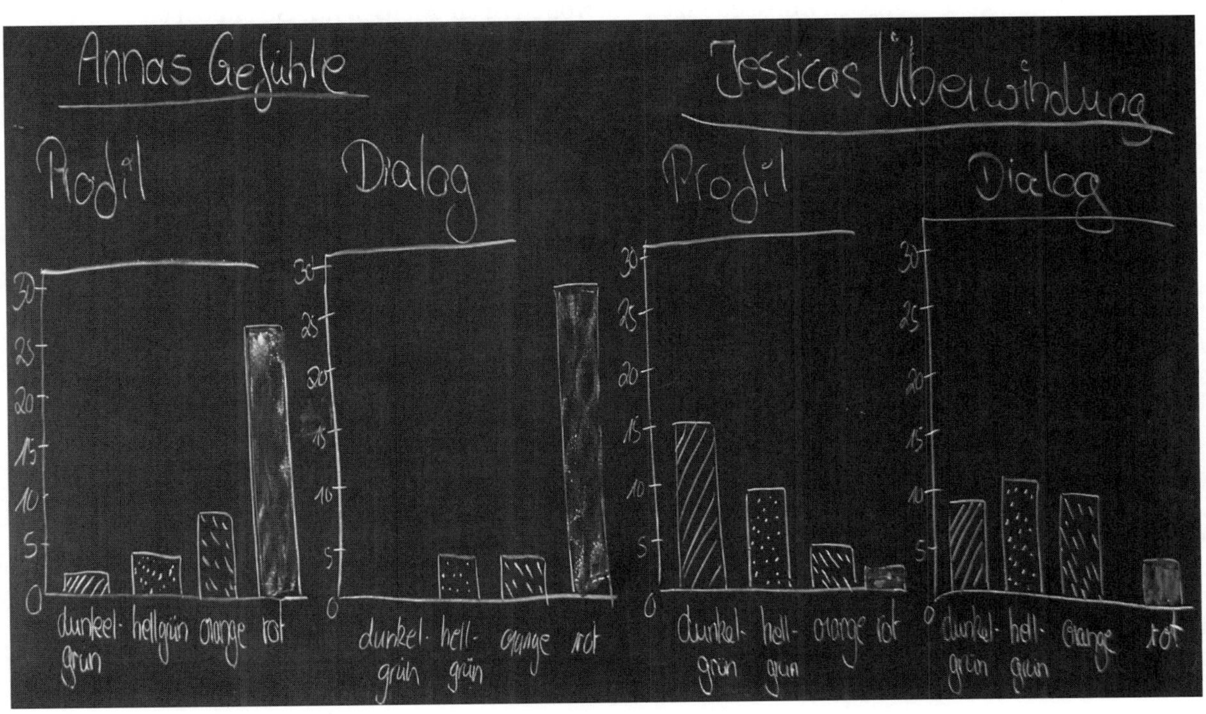

Abb. 20: Beispiel für ein mögliches Abstimmungsergebnis von 30 Schüler/innen, das in Balkendiagrammen visualisiert wurde

mit dem »Audio Dialog Anna«, oder es kann der englischsprachige Film vorgeführt werden. In diesem Dialog sagt Jessica viele gemeine Sachen zu Anna, während diese gemeinsam mit einigen Freundinnen an einem Küchentisch sitzt. Wenn der Dialog von allen gehört wurde, lassen Sie die Schüler/innen wiederum zu zwei Fragen abstimmen: »*Wie fühlt sich Anna, nachdem Jessica ihr das alles ins Gesicht gesagt hat?*« und »*Stellt euch vor, ihr wärt Jessica. Wie groß wäre eure Überwindung, diese Dinge Anna direkt ins Gesicht zu sagen?*« Das Vorgehen bei den Abstimmungen zu diesen Fragen ist identisch mit dem Vorgehen im ersten Teil der Übung.

Zum Abschluss dieser Übung vergleichen Sie die Ergebnisse aller vier Abstimmungen miteinander (s. u. »Leitfragen und Anregungen zur Diskussion«). Decken Sie dazu die Ergebnisse aus Teil eins wieder auf, sodass alle Ergebnisse zu sehen sind. In der Diskussion sollten Sie vor allem zwei wichtige Punkte betonen, die Sie auch durch Fragen und eigene Anmerkungen deutlich machen können:

- Erstens sollten Sie die beiden Abstimmungen aus der Perspektive des Opfers Anna vergleichen. Hier gibt es in den meisten Fällen sehr ähnliche Ergebnisse (vgl. Beispiel in Abb. 20). Die Schüler/innen sollten daraus lernen, dass Cybermobbing für das Opfer ähnlich schlimme Folgen hat wie Mobbing (vgl. Kapitel 2.5, S. 31 ff.).
- Zweitens sollten Sie die beiden Abstimmungen aus der Perspektive der Täterin Jessica vergleichen. Hier zeigt sich in den meisten Fällen, dass Schüler/innen in schülerVZ weniger gehemmt sind als im realen Leben (vgl. Beispiel in Abb. 20). Das deutet darauf hin, dass bei der medial vermittelten Kommunikation die Hemmschwelle der Schüler/innen sinkt (vgl. Kapitel 2.2, S. 18 ff.). Trotzdem sollten die Schüler/innen lernen, dass medial vermittelte Kommunikation den gleichen sozialen Regeln unterliegt wie persönliche Kommunikation. Gemeinheiten, die im Internet verbreitet werden, haben auch im realen Leben Konsequenzen – betroffen ist ein Mensch mit Gedanken und Gefühlen.

Um diese Übung positiv zu beenden, können Sie die gemeinen angeklebten Informationen von Annas schülerVZ-Profil abreißen und vernichten lassen und sie somit »löschen«.

Leitfragen und Anregungen zur Diskussion

- Warum habt ihr bei dieser Frage mit dunkelgrün/rot abgestimmt?
- Was fällt euch auf, wenn ihr die Ergebnisse aus Annas Perspektive vergleicht? Wie fühlt sich Anna, wenn es ein gemeines schülerVZ-Profil von ihr gibt, und wie fühlt sie sich, wenn sie direkt beschimpft wird?
- Was fällt euch auf, wenn ihr die Ergebnisse aus Jessicas Perspektive vergleicht? Fällt es Jessica leichter, ein gemeines schülerVZ-Profil über Anna zu erstellen oder Anna persönlich zu beleidigen?
- Warum schreibt man im Internet Dinge, die man in der Realität gar nicht gerne sagen würde?
- Gilt das auch für andere Anwendungen im Internet und für das Handy? Chat? E-Mails? YouTube? Twitter? ICQ? SMS?

Übung 14: Reflexion

Ziel der Übung

Dies ist eine Abschlussübung. Sie dient der Wiederholung und Zusammenfassung der wichtigsten Lernergebnisse aus dem Training »Surf-Fair«. Dadurch soll sichergestellt werden, dass die behandelten Themen langfristig behalten werden. Die Übung kann auch zur kurzen Wiederholung nach einer Pause eingesetzt werden.

Hinweise zu Voraussetzungen und Durchführung

- Diese Übung ist als Abschluss mit allen Übungen aus dem Schwerpunkt kombinierbar. Sie eignet sich besonders als Überleitung von Schwerpunktübungen zu den Abschlussübungen. Wird das Training »Surf-Fair« über mehrere Termine hinweg durchgeführt, so kann diese Übung auch als Einstieg für einen späteren Termin durchgeführt werden.
- Voraussetzung für diese Übung ist, dass bereits mehrere andere Übungen durchgeführt wurden, die diskutiert und reflektiert werden können.
- Dauer der Übung: min. 10 Minuten

Aufwand

- erforderliche Medienkompetenz: gering
- organisatorischer Aufwand: gering

Materialien

- Tafel und Kreide oder alternativ große Papierbögen (z. B. »Brown-Paper«)
- dicke Faserstifte (z. B. Edding)

Vorbereitung

- *Lehrer/innen:* Vergegenwärtigen Sie sich vor der Übung noch einmal die wichtigsten Kernpunkte der bereits durchgeführten Übungen: Was sollten die Schüler/innen daraus lernen und langfristig in Erinnerung behalten? Schreiben Sie die Namen der durchgeführten Übungen an die Tafel. Bereiten Sie die Diskussion zur Auswertung der Übung vor.
- *Schüler/innen:* Eine Vorbereitung der Schüler/innen ist nicht erforderlich.

Ablauf der Übung

Rufen Sie den Schüler/innen die bereits durchgeführten Übungen noch einmal in Erinnerung (s. u. »Leitfragen und Anregungen zur Diskussion«). Notieren Sie für jede Übung die jeweils von den Schüler/innen genannten Kernpunkte (vgl. Beispiel in Abb. 21 auf der nächsten Seite). Anhand dieser Übersicht können Sie überprüfen, ob das jeweilige Lernziel einer Übung erreicht wurde. Sollte dies nicht der Fall sein, gehen Sie noch einmal auf die entsprechende Übung ein und ergänzen Sie fehlende Punkte.

Abb. 21:
Beispiel für mögliche Ergebnisse einer Reflexion

Leitfragen und Anregungen zur Diskussion

Wenn ihr an die Übung … denkt,

- woran könnt ihr euch noch erinnern?
- warum haben wir diese Übung gemacht?
- was habt ihr für euch daraus mitgenommen/gelernt?

Übung 15: Klassenvertrag

Ziel der Übung

Dies ist eine Abschlussübung. Die Erstellung eines Klassenvertrages gegen Cybermobbing soll helfen, Cybermobbing unter Schüler/innen einer Klasse nachhaltig zu verringern. Es soll deutlich werden, dass die Gemeinschaft nur stark sein und funktionieren kann, wenn sich alle Schüler/innen an bestimmte Abmachungen halten. Beim Thema Cybermobbing sind alle dafür verantwortlich, mitzuhelfen, dass Cybermobbing nicht vorkommt.

Hinweise zu Voraussetzungen und Durchführung

- Diese Übung ist als Abschluss mit allen Übungen aus dem Schwerpunkt kombinierbar. Sie ist besonders als letzte Übung eines Präventionsprogramms geeignet.
- Für einen möglichst umfassenden Klassenvertrag ist es sinnvoll, vorher Übungen durchzuführen, die verschiedene Perspektiven beim Cybermobbing berücksichtigen (Opfer, Täter und Zuschauer).
- Dauer der Übung: min. 10 Minuten

Aufwand

- erforderliche Medienkompetenz: mittel
- organisatorischer Aufwand: gering

Materialien

- ein möglichst großformatiger »Klassenvertrag« (vgl. Abb. 22; Elektronischer Anhang 11 auf beiliegender DVD)
- optional: Alternativ zu dem von uns vorgegebenen »Klassenvertrag« können Sie die Selbstverpflichtung von »Webrespekt« (www.webrespekt.de) benutzen oder einen eigenen Klassenvertrag entwickeln.
- Kugelschreiber oder Faserschreiber
- Klebeband

Vorbereitung

- *Lehrer/innen:* Vergegenwärtigen Sie sich vor der Übung noch einmal die wichtigsten Kernpunkte der bereits durchgeführten Übungen: Was sollten die Schüler/innen davon lernen und langfristig in Erinnerung behalten? Entscheiden Sie, ob Sie einen Klassenvertrag mit den Schüler/innen gemeinsam

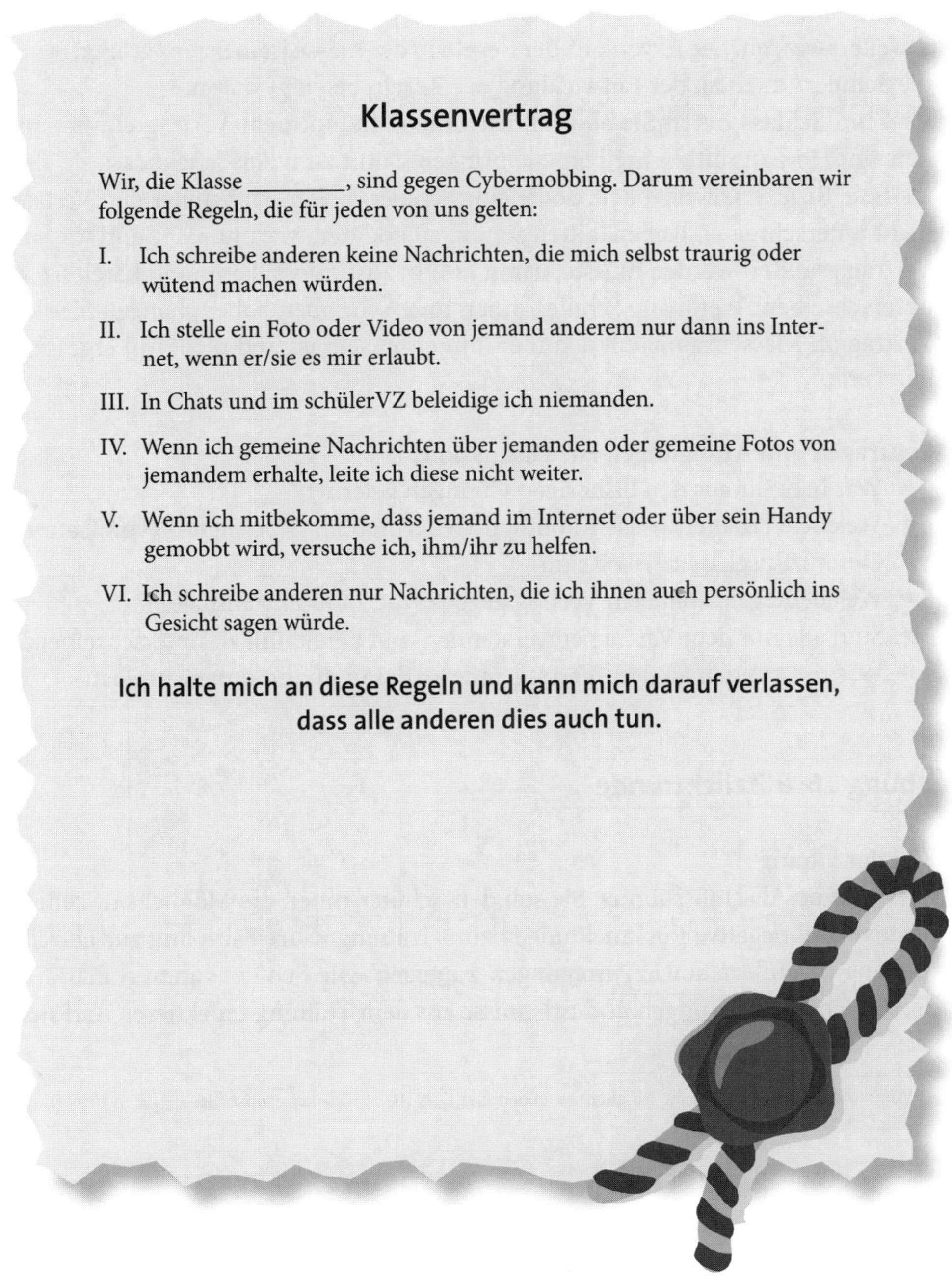

Klassenvertrag

Wir, die Klasse ________, sind gegen Cybermobbing. Darum vereinbaren wir folgende Regeln, die für jeden von uns gelten:

I. Ich schreibe anderen keine Nachrichten, die mich selbst traurig oder wütend machen würden.

II. Ich stelle ein Foto oder Video von jemand anderem nur dann ins Internet, wenn er/sie es mir erlaubt.

III. In Chats und im schülerVZ beleidige ich niemanden.

IV. Wenn ich gemeine Nachrichten über jemanden oder gemeine Fotos von jemandem erhalte, leite ich diese nicht weiter.

V. Wenn ich mitbekomme, dass jemand im Internet oder über sein Handy gemobbt wird, versuche ich, ihm/ihr zu helfen.

VI. Ich schreibe anderen nur Nachrichten, die ich ihnen auch persönlich ins Gesicht sagen würde.

Ich halte mich an diese Regeln und kann mich darauf verlassen, dass alle anderen dies auch tun.

Abb. 22: Vorlage für einen Klassenvertrag

erarbeiten möchten oder ob Sie einen fertigen Klassenvertrag zur Unterschrift mitbringen. Drucken Sie gegebenenfalls die Vorlage »Klassenvertrag« auf DIN A0 aus[8] oder passen Sie sie zunächst Ihrem durchgeführten Präventionsprogramm an. Bereiten Sie die Diskussion zur Auswertung der Übung vor.

- *Schüler/innen:* Eine Vorbereitung der Schüler/innen ist nicht erforderlich.

Ablauf der Übung

Rufen Sie den Schüler/innen die bereits durchgeführten Übungen noch einmal in Erinnerung (s. u. »Leitfragen und Anregungen zur Diskussion«). Die Schüler/innen sollen gemeinsam überlegen, was sie aus den Übungen zum Thema Cybermobbing für sich mitgenommen haben. Daraus sollen sie Regeln für einen angemessenen Umgang miteinander ableiten, die helfen können, Cybermobbing zu verhindern. Bei dieser Diskussion können Sie auch eigene Punkte einbringen. Wenn Sie den Klassenvertrag frei entwickeln, schreiben Sie diese Regeln auf. Alternativ präsentieren Sie den vorbereiteten »Klassenvertrag«, auf dem solche Regeln bereits aufgeführt sind (vgl. Abb. 22). Diese können noch gemeinsam mit den Schüler/innen erweitert werden. Die Akzeptanz der Regeln in der Klasse ist meistens größer, wenn die Schüler/innen an der Entwicklung der Regeln beteiligt waren.

Zum Schluss bitten Sie alle Schüler/innen, die mit dem Vertrag einverstanden sind, ihn zu unterschreiben. Sie bringen damit zum Ausdruck, dass sie sich an diese Regeln halten wollen. Sollte eine Schülerin oder ein Schüler den Vertrag nicht unterschreiben wollen, bitten Sie ihn zu erklären, warum nicht und was am Vertrag geändert werden müsste, damit er ihm zustimmen kann und bereit ist zu unterschreiben. Wenn alle Schüler/innen unterschrieben haben, hängen Sie den Vertrag im Klassenraum auf, damit er immer präsent ist und nicht in Vergessenheit gerät.

Leitfragen und Anregungen zur Diskussion

- Was habt ihr aus den bisherigen Übungen gelernt?
- Welche Verhaltensweisen könnten Cybermobbing verringern (von Tätern/Opfern/Zuschauern)? Warum?
- Welche Regeln sollte ein Vertrag gegen Cybermobbing enthalten?
- Sind alle mit dem Vertrag einverstanden und bereit, ihn zu unterschreiben?
- Was müsste sich an dem Vertrag ändern, damit du ihn unterschreibst?

Übung 16: Blitzlichtrunde

Ziel der Übung

Dies ist eine Abschlussübung. Sie soll den Schüler/innen die Möglichkeit geben, positive und negative Rückmeldungen zum Training »Surf-Fair« und zur Durchführung zu äußern sowie Anregungen zu geben. Die Schüler/innen sollen ihre persönlichen Erfahrungen und Erlebnisse aus dem Training reflektieren und sich

8 Wenn Sie an der Schule keine Möglichkeit haben, auf DIN A0 zu drucken, so ist dies in vielen Copyshops möglich.

zentrale Inhalte in Erinnerung rufen. Das Training zum Thema »Cybermobbing« soll so zu einem positiven Abschluss gebracht werden.

Hinweise zu Voraussetzungen und Durchführung

- Diese Übung sollte ganz am Ende des Trainings stattfinden und kann mit allen Übungen kombiniert werden, außer mit Übung 17 (»Pinnwandgezwitscher«, S. 94 ff.), da sich die Zielsetzungen dieser beiden Übungen überschneiden. Nur wenn Sie das Thema über mehrere Termine hinweg bearbeiten, können Sie eine Übung als Abschluss für den ersten Termin und die andere Übung als Abschluss für den zweiten Termin nutzen.
- Dauer der Übung: min. 10 Minuten

Aufwand

- erforderliche Medienkompetenz: gering
- organisatorischer Aufwand: gering

Materialien

- Feder (oder etwas anderes »Positives«)
- Stein (oder etwas anderes »Negatives«)
- optional: Tafel und Kreide oder alternativ große Papierbögen (z. B. »Brown-Paper«) und dicke Faserstifte (z. B. Edding)

Vorbereitung

- *Lehrer/innen:* Besorgen Sie einen Stein und eine Feder. Überlegen Sie sich, ob Sie die Ergebnisse festhalten möchten. Sie können die Ergebnisse entweder für sich persönlich auf einem Zettel festhalten oder für die ganze Klasse an der Tafel. In diesem Fall zeichnen Sie an der Tafel eine Spalte für »Feder« und eine Spalte für »Stein«. Bereiten Sie die Diskussion zur Auswertung der Übung vor.
- *Schüler/innen:* Eine Vorbereitung der Schüler/innen ist nicht erforderlich.

Ablauf der Übung

Die Feder und der Stein werden der Reihe nach im Stuhlkreis weitergegeben. Die jeweilige Schülein bzw. der jeweilige Schüler sagt, was ihm besonders gut gefallen hat – dafür steht die Feder, da leicht – und was ihm nicht so gut gefallen hat – dafür steht der Stein, da schwer (s. u. »Leitfragen und Anregungen zur Diskussion«). Auch Sie sollten an dieser Runde teilnehmen und können direkt den Anfang machen. Optional können Sie die Ergebnisse in persönlichen Notizen oder für die Klasse an der Tafel festhalten. Wir empfehlen, dass Sie sich zumindest Notizen machen, damit Sie die Kritik bei einer folgenden Durchführung des Trainingsprogramms umsetzen können. Zum Abschluss fassen Sie die wichtigsten Punkte noch einmal für alle zusammen, nämlich was der Klasse am wenigsten gefallen und was den Schüler/innen am besten gefallen hat. Beenden Sie die Runde positiv.

Leitfragen und Anregungen zur Diskussion

- Was hat euch besonders gut gefallen? (Feder)
- Was hat euch weniger gut gefallen? Was hättet ihr euch anders gewünscht? Wie hätte man es besser machen können? (Stein)

Übung 17: Pinnwandgezwitscher

Ziel der Übung

Dies ist eine Abschlussübung. Sie kann unterschiedliche Ziele haben; beispielsweise kann sie den Schüler/innen die Möglichkeit geben, positive oder negative Rückmeldungen zum Programm und zur Durchführung zu äußern. Die Schüler/innen sollen ihre persönlichen Erfahrungen und Erlebnisse aus dem Präventionsprogramm reflektieren und sich zentrale Inhalte in Erinnerung rufen. Das Training zum Thema »Cybermobbing« soll so zu einem positiven Abschluss gebracht werden.

Hinweise zu Voraussetzungen und Durchführung

- Diese Übung sollte ganz am Ende des Trainings stattfinden und kann mit allen Übungen kombiniert werden, außer mit Übung 16 (»Blitzlichtrunde«, S. 92 f.), da sich die Zielsetzungen dieser beiden Übungen überschneiden. Nur wenn Sie das Thema über mehrere Termine hinweg bearbeiten, können Sie eine Übung als Abschluss für den ersten Termin und die andere Übung als Abschluss für den zweiten Termin nutzen.
- Dauer der Übung: min. 10 Minuten

Aufwand

- erforderliche Medienkompetenz: gering
- organisatorischer Aufwand: gering

Materialien

- pro 4–5 Schüler/innen ein Übungsblatt »Pinnwandgezwitscher« (Kopiervorlage 22, S. 119)
- pro Schüler/in Kugelschreiber oder Faserstifte
- Klebeband

Vorbereitung

- *Lehrer/innen:* Überlegen Sie sich, mit welchem Ziel bzw. welcher Fragestellung Sie diese Übung durchführen möchten (s. u. »Leitfragen und Anregungen zur Diskussion«). Überlegen Sie sich, wie Sie die Ergebnisse in der Klasse besprechen möchten. Kopieren Sie das Arbeitsblatt »Pinnwandgezwitscher«. Bereiten Sie die Diskussion zur Auswertung der Übung vor.
- *Schüler/innen:* Vorbereitung der Schüler/innen ist nicht erforderlich. Es ist hilfreich, wenn die Schüler/innen Erfahrung mit Twitter, dem schülerVZ-Buschfunk oder dem Schreiben von SMS haben, damit sie die Übung besser nachvollziehen können.

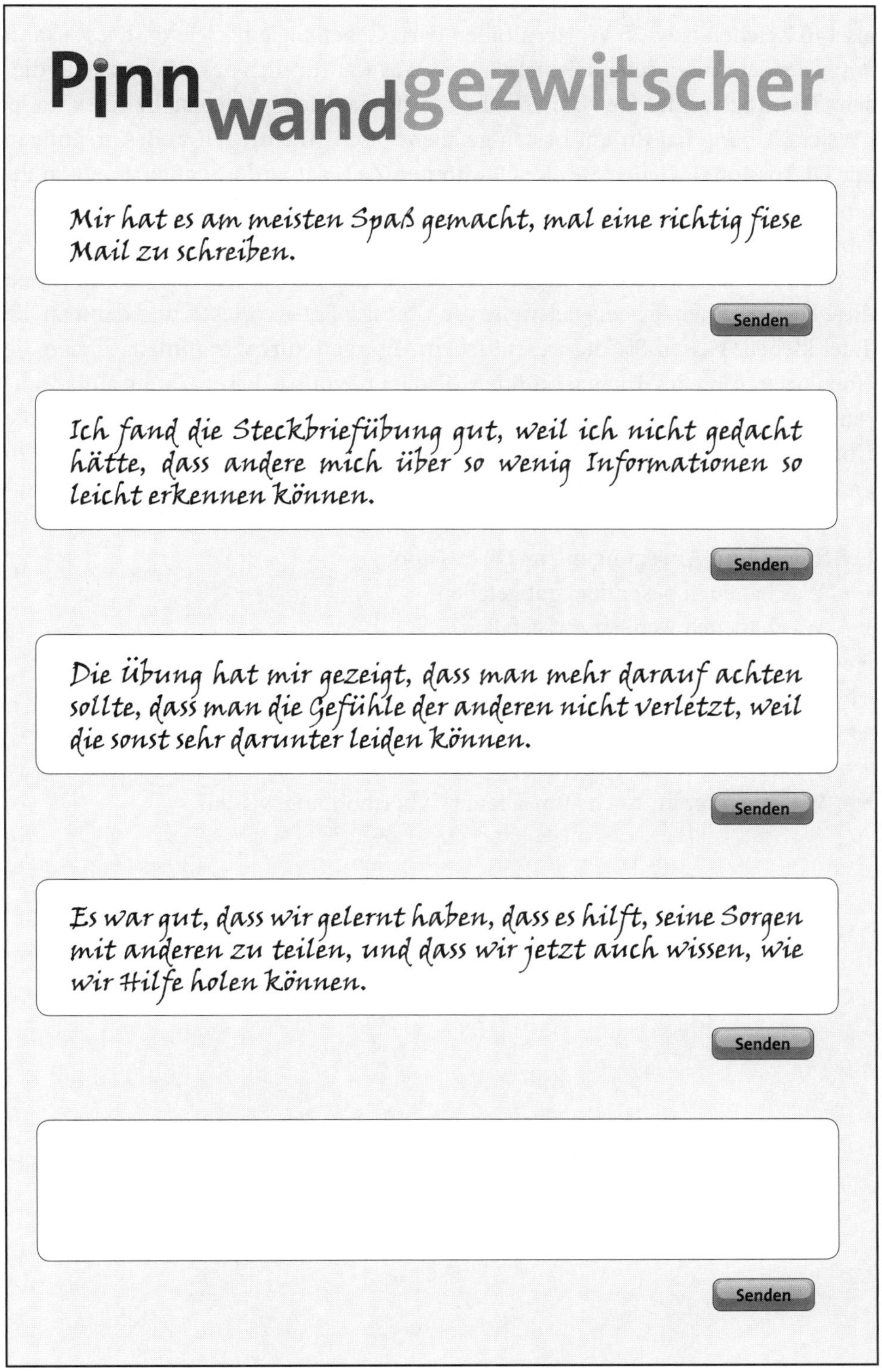

Pinnwandgezwitscher

Mir hat es am meisten Spaß gemacht, mal eine richtig fiese Mail zu schreiben.

Senden

Ich fand die Steckbriefübung gut, weil ich nicht gedacht hätte, dass andere mich über so wenig Informationen so leicht erkennen können.

Senden

Die Übung hat mir gezeigt, dass man mehr darauf achten sollte, dass man die Gefühle der anderen nicht verletzt, weil die sonst sehr darunter leiden können.

Senden

Es war gut, dass wir gelernt haben, dass es hilft, seine Sorgen mit anderen zu teilen, und dass wir jetzt auch wissen, wie wir Hilfe holen können.

Senden

Senden

Abb. 23: Beispiel für ein ausgefülltes Übungsblatt »Pinnwandgezwitscher«. Die Frage war: »Was hat euch besonders gut gefallen?«

Ablauf der Übung

Teilen Sie jeder Vierer- oder Fünfergruppe von Schüler/innen ein Übungsblatt »Pinnwandgezwitscher« aus. Die Gruppen sollen die wichtigsten Erlebnisse aus den bisherigen Übungen in Form einer Kurznachricht aufschreiben. Jede Schülerin und jeder Schüler aus der Gruppe hat dazu ein freies Feld, das er – ähnlich wie in einer SMS, bei Twitter oder im Buschfunk bei schülerVZ – mit nicht mehr als 140 Zeichen bzw. 25 Wörtern füllen darf. Geben Sie ein Ziel vor. Dieses kann entweder sehr offen sein, beispielsweise: »Was war für dich das Wichtigste in diesem Training?«, oder Sie können sehr spezifische Ziele vorgeben, beispielsweise: »Welche Übung hat dir am besten gefallen?« (s. u. »Leitfragen und Anregungen zur Diskussion«). Geben Sie circa 5 Minuten Zeit, damit die Schüler/innen in ihren Gruppen reihum die Felder ausfüllen können. Sammeln Sie die ausgefüllten Übungsblätter ein (vgl. Beispiel in Abb. 23).

Optional können Sie die Ergebnisse in der Klasse besprechen – wir empfehlen dies. Dazu können Sie beispielsweise die Übungsblätter vorlesen und dann an die Tafel kleben. Fassen Sie die wesentlichen Aussagen kurz zusammen. Planen Sie eine Fortsetzung des Themas, können Sie die Ergebnisse dieser Übung aufbewahren und zum Einstieg in die nächste Sitzung nutzen. So eingesetzt eignet sich die Übung nicht nur als Abschlussübung, sondern auch, um vor und nach längeren Pausen wieder an das Thema anzuknüpfen.

Leitfragen und Anregungen zur Diskussion

- Was hat euch besonders gut gefallen?
- Was hat euch weniger gut gefallen?
- Was hättet ihr euch anders gewünscht?
- Wie hätte man es besser machen können?
- Was hat euch am meisten überrascht?
- Worauf werdet ihr jetzt mehr achten?
- Was möchtet ihr noch zum Thema Cybermobbing wissen?

Kopiervorlagen

Hinweis:
Auf der beiliegenden DVD sind alle Kopiervorlagen in Farbe zu finden. Außerdem stehen die Kopiervorlagen und der »Elektronische Anhang« auch zum Download im Internet bereit. Sie finden die Materialien auf unserer Internetseite www.beltz.de, indem Sie dort auf die Seite des Titels gehen, den Link zu den Materialien anklicken und folgendes Passwort eingeben: JQdeY32V (Groß- und Kleinschreibung beachten).

1 Medienbegriffe (Teil 1)

amazon	eBay	Foren
BILD	Blogs	Bluetooth
Brief	Buch	Chat
Chat-Roulette	Community	CouchSurfing
Musikvideo	CD	DIE ZEIT
Digitalkamera	Diktiergerät	Discman
DSL	App	Computerspiele
Kinofilme	E-Mail	Facebook
Fernsehen	Soaps	Untertitel
Flashgames	Flatscreen	Flugblatt
Google	Google Maps	Hörbuch
Hörspielkassette	ICQ	Internet
MMORPG	iTunes	Kassettenrekorder
LAN-Party	Lesezeichen	MMS

2 Medienbegriffe (Teil 2)

Kindersendungen	Handy	Walkman
SpongeBob	Microsoft Word	mobiles Internet
MP3-Player	MTV	Musik runterladen
MySpace	KI.KA	Netbook
Online-Banking	Online-Games	Commodore 64 (C 64)
Online-Recherche	Online-Shopping	Online-Tutorials
E-Books	Game Boy	PowerPoint
Radio	Xbox	Schallplatte
Second Life	Floppy Disk	SIM-Lock
Single-Chat	Skype	Smartphone
Spam	Strategiespiele	studiVZ
TAN	Telefon	Telegramm
TFT	Touchscreen	Twittern
Bravo	Wikipedia	YouTube

3 Autogrammstunde

Suche jeweils eine Person, auf die eine der unten stehenden Aussagen zutrifft.
Die jeweilige Person gibt dir dann ein persönliches Autogramm.

In jedem Kästchen sollte ein anderer Name stehen.

Bereit? Dann finde eine Person, ...

... die eine Internetseite mag, die du auch magst.	... die einen Computer hat.	... die schon mal ein Video ins Internet gestellt hat.	... die jeden Tag zwei Stunden oder länger im Netz surft. ....
... die kein Handy besitzt.	... die nicht mehr als einmal pro Woche im Internet ist.	... die ein Facebook-Profil besitzt.	... die ungefähr so viel chattet wie du. ....
... die schon einmal auf einem Video im Internet zu sehen war.	... mit der du dir manchmal E-Mails schreibst.	... die im schülerVZ Mitglied in zehn oder mehr Gruppen ist.	... die kein MSN oder ICQ benutzt. ....
... die mehr als eine E-Mail-Adresse hat.	... die manchmal im Internet Musik hört.	... die ungefähr so schnell tippen kann wie du.	... die Online-Spiele spielt. ....

4 Tagebucheintrag Opfer

Du bist **Max**. Heute Abend im Bett schreibst du in dein Tagebuch.

Liebes Tagebuch!

In den letzten Tagen habe ich einiges erlebt … ______________________

____

____

____

____

Ich habe mich so verhalten, weil … ______________________

____

____

____

____

Meine Gefühle dabei waren … ______________________

____

____

____

____

Gute Nacht!

5 | # Tagebucheintrag Täter

Du bist **Lars**. In der letzten Zeit hast du Max ziemlich gemobbt.
Heute Abend im Bett schreibst du Tagebuch.

Liebes Tagebuch!

In den letzten Tagen habe ich einiges erlebt … ____________________

____

____

____

____

Ich habe mich so verhalten, weil … ____________________

____

____

____

____

Meine Gefühle dabei waren … ____________________

____

____

____

____

Gute Nacht!

6 Tagebucheintrag Zuschauer

Du bist **Nele** und gehst mit Max in eine Klasse. Du hast genau beobachtet, was in der letzten Zeit mit Max passiert ist. Heute Abend im Bett schreibst du Tagebuch.

Liebes Tagebuch!

In den letzten Tagen habe ich einiges erlebt … ______________________

____

____

____

____

Ich habe mich so verhalten, weil … ______________________

____

____

____

____

Meine Gefühle dabei waren … ______________________

____

____

____

____

Gute Nacht!

7 Gedanken Opfer, Gefühle Opfer

Gedanken Opfer

Überlege dir, was Max denkt.

Wähle aus den Karten mit Gedanken **eine** Karte aus, die du besonders passend für Max findest. Du kannst auch selbst einen anderen Gedanken für Max aufschreiben, falls du keine passende Karte findest. Überlege dir zusätzlich, wie du den anderen gleich erklären kannst, warum du diesen Gedanken ausgewählt hast.

Gefühle Opfer

Überlege dir, was Max fühlt.

Wähle aus den Karten mit Gefühlen **eine** Karte aus, die du besonders passend für Max findest. Du kannst auch selbst ein anderes Gefühl für Max aufschreiben, falls du keine passende Karte findest. Überlege dir zusätzlich, wie du den anderen gleich erklären kannst, warum du dieses Gefühl ausgewählt hast.

8 Gedanken Täter, Gefühle Täter

Gedanken Täter

Überlege dir, was Lars denkt.

Wähle aus den Karten mit Gedanken **eine** Karte aus, die du besonders passend für Lars findest. Du kannst auch selbst einen anderen Gedanken für Lars aufschreiben, falls du keine passende Karte findest. Überlege dir zusätzlich, wie du den anderen gleich erklären kannst, warum du diesen Gedanken ausgewählt hast.

Gefühle Täter

Überlege dir, was Lars fühlt.

Wähle aus den Karten mit Gefühlen **eine** Karte aus, die du besonders passend für Lars findest. Du kannst auch selbst ein anderes Gefühl für Lars aufschreiben, falls du keine passende Karte findest. Überlege dir zusätzlich, wie du den anderen gleich erklären kannst, warum du dieses Gefühl ausgewählt hast.

9 Gedanken Zuschauer, Gefühle Zuschauer

Gedanken Zuschauer

Überlege dir, was Nele denkt.

Wähle aus den Karten mit Gedanken **eine** Karte aus, die du besonders passend für Nele findest. Du kannst auch selbst einen anderen Gedanken für Nele aufschreiben, falls du keine passende Karte findest. Überlege dir zusätzlich, wie du den anderen gleich erklären kannst, warum du diesen Gedanken ausgewählt hast.

Gefühle Zuschauer

Überlege dir, was Nele fühlt.

Wähle aus den Karten mit Gefühlen **eine** Karte aus, die du besonders passend für Nele findest. Du kannst auch selbst ein anderes Gefühl für Nele aufschreiben, falls du keine passende Karte findest. Überlege dir zusätzlich, wie du den anderen gleich erklären kannst, warum du dieses Gefühl ausgewählt hast.

10 Situationskarten (Beispiele Teil 1)

Auf deiner schülerVZ-Pinnwand schreibt jemand: »Du Vollidiot! Keiner kann dich leiden!!!«

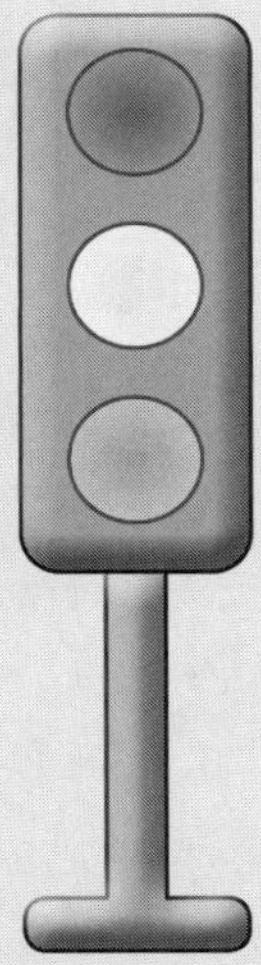

Jemand filmt, wie du auf dem Schulhof mit Schnee eingeseift wirst, und stellt das Video bei YouTube ein.

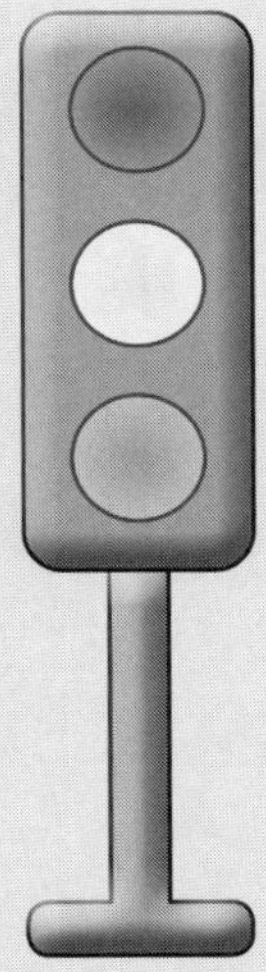

11 Situationskarten (Beispiele Teil 2)

Jemand erstellt ein schülerVZ-Profil mit deinem Namen, auf dem es ein verzerrtes Foto von dir gibt und in dem nur gemeine Lügen über dich stehen.

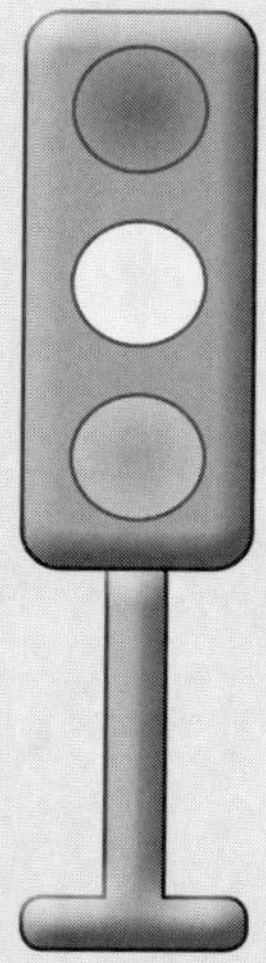

Jemand schreibt dir eine SMS, in der steht:
»Du bist ein Spinner!
Du bist so dumm!
Keiner mag dich!«

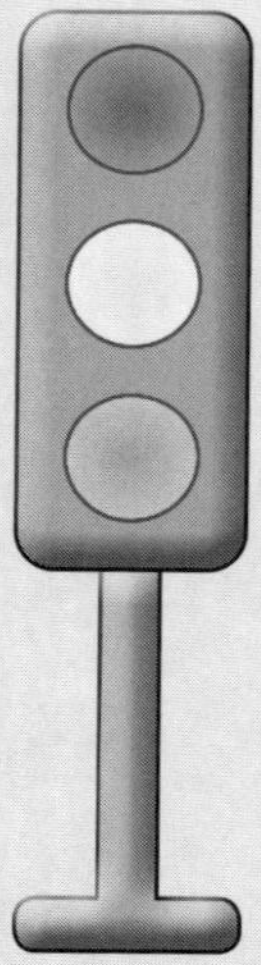

12 Steckbrief

Bitte fülle den Steckbrief für dich aus. Arbeite allein und sei dabei möglichst ehrlich.

Vorname: ______________ **Nachname:** ______________

Geburtsdatum: ______________ **Wohnort:** ______________

Schule: ______________ **Klasse:** ______________

Lieblingsfach: ______________

Hassfach: ______________

Beziehungsstatus: ______________

Hobbys: ______________

Clubs/Vereine: ______________

Lieblingsmusik: ______________

Lieblingsbücher: ______________

Lieblingsfilme: ______________

Was ich mag: ______________

Was ich nicht mag: ______________

13

Regieanweisung E-Mail

Liebe Gruppe,

Bitte lest euch die folgende Situation sorgfältig durch:

Klara bekommt nach der Schule eine E-Mail von ihrer besten Freundin: »Hier, das habe ich gerade bei schülerVZ gefunden, voll lustig. Schau dir das doch mal an!«

Klara klickt auf den beigefügten Link und gelangt direkt auf eine schülerVZ-Seite, die aussieht wie eine Profilseite ihrer Klassenkameradin Tina. Dort steht der richtige Name, und es gibt auch ein Foto von Tina, aber im Profil stehen lauter gemeine Dinge, die Tina niemals selbst über sich geschrieben hätte und die auch überhaupt nicht stimmen. Klara vermutet, dass jemand anderes diese Seite erstellt hat, um Tina bloßzustellen.

Überlegt euch gemeinsam, wie die Situation weitergehen könnte.

Wie könnte Klara sich verhalten, um ihrer Klassenkameradin Tina zu helfen?
Was kann sie selbst tun? Wen könnte sie ansprechen? Was sollte sie sagen? Wie würden die Personen vielleicht reagieren?

Versucht, eure beste Idee in einem Mini-Theaterstück einzuüben. Überlegt euch dazu, wie viele Personen beteiligt sind, wer von euch welche Rolle spielt und was ihr an Material braucht.

Anschließend dürft ihr euer Stück euren Klassenkameraden vorspielen.

Wenn ihr Fragen habt, meldet euch einfach!

Viel Spaß!

14 Regieanweisung Handy

Liebe Gruppe,

Bitte lest euch die folgende Situation sorgfältig durch:

Stefan hat zum Geburtstag ein neues Handy geschenkt bekommen. Er hat seine Nummer direkt an alle seine Freunde geschickt und kann seitdem auch Nachrichten mit ihnen austauschen, wenn er unterwegs ist. Seit einigen Wochen jedoch bekommt er immer wieder SMS von einer unbekannten Nummer. Die neueste lautet: »Ey, du Streber. Du glaubst wohl, du bist was Besseres, nur weil alle Lehrer dich toll finden. Wir hassen dich alle.«

Überlegt euch gemeinsam, wie die Situation weitergehen könnte.

Wie könnte Stefan sich verhalten?

Was kann er selbst tun? Wen könnte er ansprechen? Was sollte er sagen?
Wie würden die Personen vielleicht reagieren?

Versucht, eure beste Idee in einem Mini-Theaterstück einzuüben. Überlegt euch dazu, wie viele Personen beteiligt sind, wer von euch welche Rolle spielt und was ihr an Material braucht.

Anschließend dürft ihr euer Stück euren Klassenkameraden vorspielen.

Wenn ihr Fragen habt, meldet euch einfach!

Viel Spaß!

15

Cybermobbing-Situationen (Teil 1: Zuschauer)

Du bekommst eine SMS:

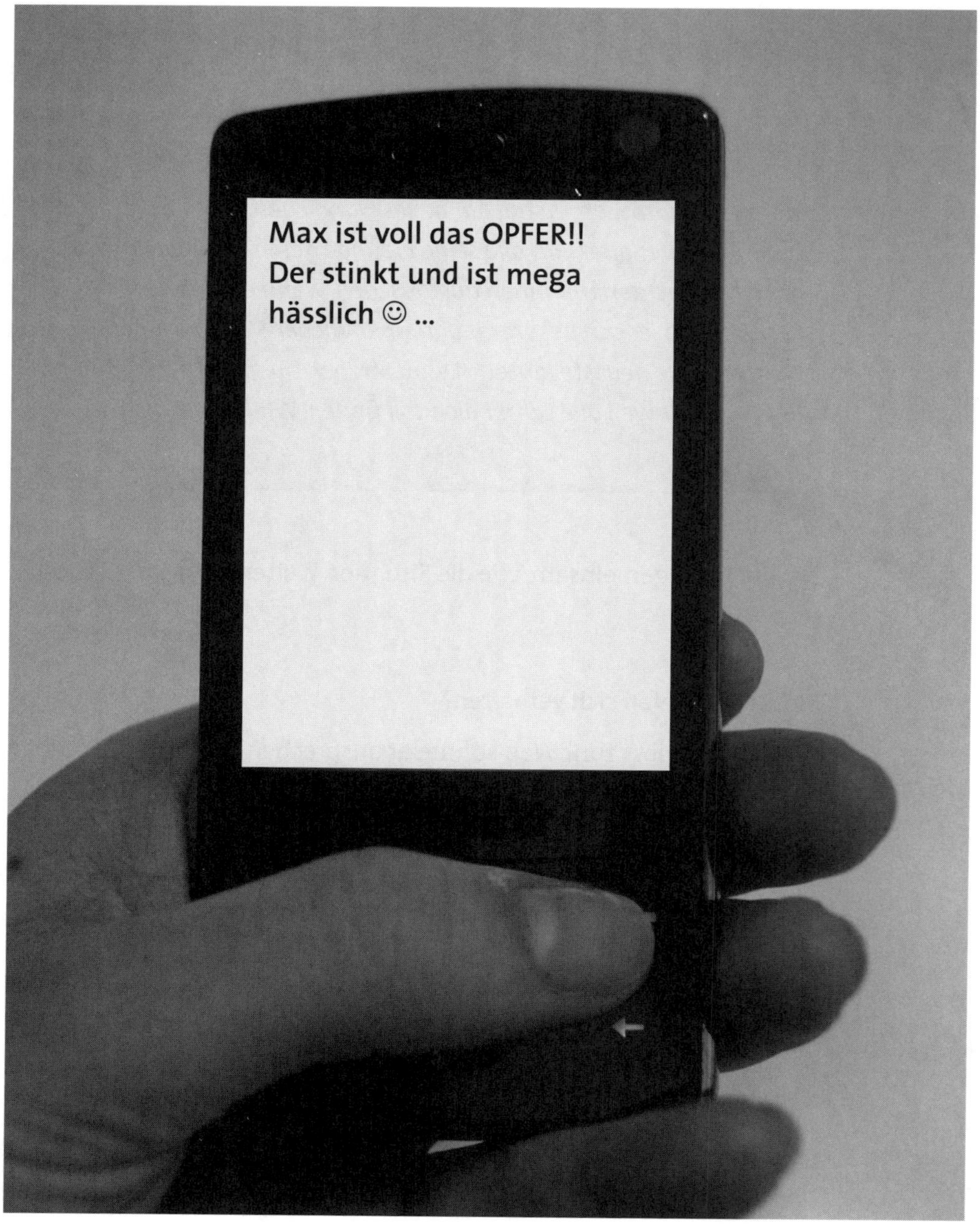

Nachdem du die SMS gelesen hast, legst du das Handy aus der Hand und unterhältst dich weiter mit deinen Freunden.

16 Cybermobbing-Situationen (Teil 2: Verstärker)

Du bekommst eine SMS:

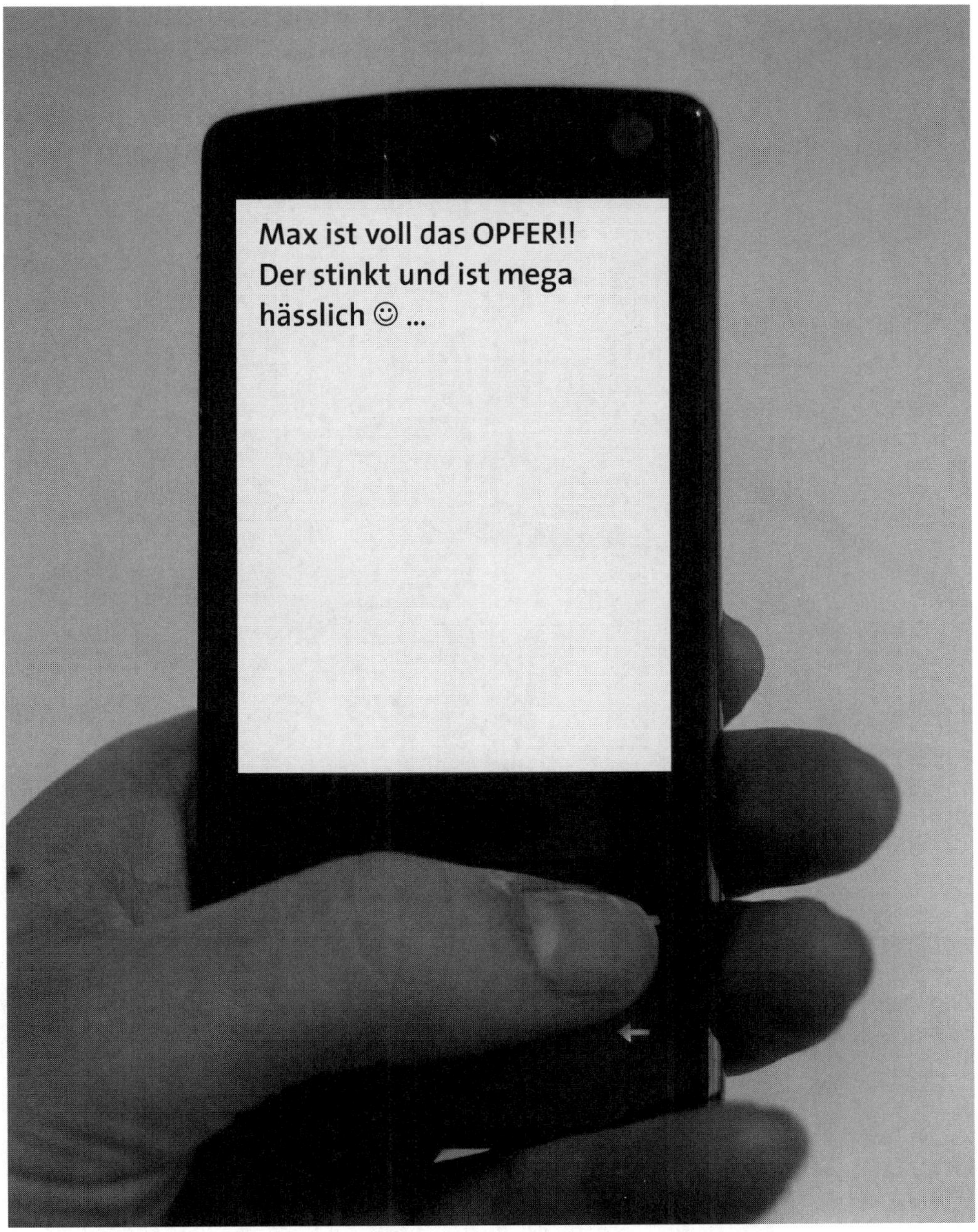

Du zeigst die SMS deinen Freunden, und ihr lacht darüber.

17

Cybermobbing-Situationen (Teil 3: Verteidiger)

Ein Mädchen zeigt dir das Video von Max, das sie mit ihrem Handy gemacht hat:

Du fragst das Mädchen, warum sie das Video gemacht hat, und sagst ihr, dass du es gemein findest, solche Videos zu machen.

18 Daumen

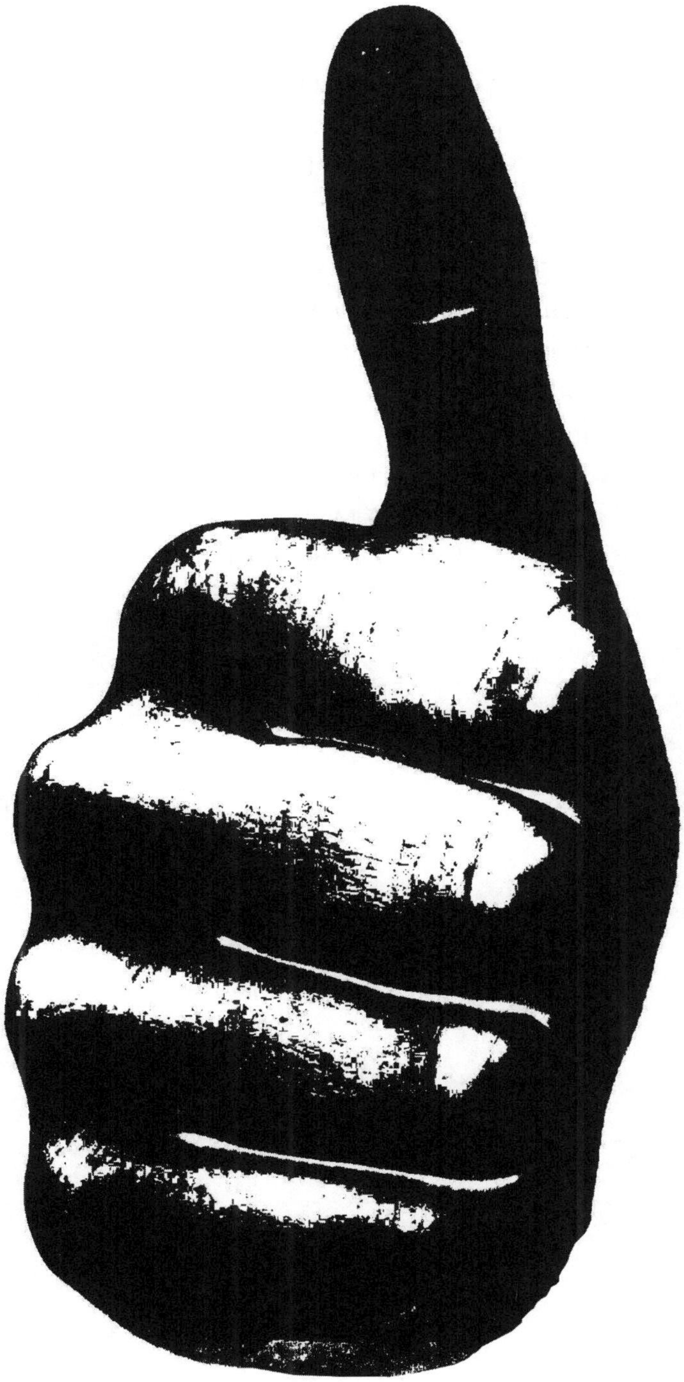

19 E-Mail-Vorlage Mädchen

Cybermobbing und du

1. Lies dir aufmerksam deine Rollenanweisung durch.
2. Schreibe eine E-Mail an Andrea Braun, in der du dich in die Gefühle und Gedanken deiner Rolle hineinversetzt.

Rollenanweisung

Du bist Laura. Du und deine Freundin Hannah, ihr seid die Coolsten auf dem Schulhof. Ihr lästert auch gern mal über andere Leute ab. Im Moment habt ihr es auf Andrea Braun aus eurer Klasse abgesehen. Mit ihrem oberschlauen Streber-Getue und ihrem Eingeschleime bei den Lehrern geht sie euch auf die Nerven. Und als würde das nicht reichen, läuft sie euch noch ständig hinterher und glaubt, ihr seid Freunde. In einer E-Mail kannst du ihr zeigen, was du von ihr hältst, und ihr endlich mal die Meinung sagen.

E-Mail schreiben

An: A.Braun@Email.de

Betreff:

Entwurf speichern | Senden

20 E-Mail-Vorlage Jungen

Cybermobbing und du

1. Lies dir aufmerksam deine Rollenanweisung durch.
2. Schreibe eine E-Mail an Andreas Braun, in der du dich in die Gefühle und Gedanken deiner Rolle hineinversetzt.

Rollenanweisung

Du bist Alex. Du spielst gerne Fußball mit deinem Freund Tim, mit dem du auch im Fußballverein bist. Ihr seid ein starkes Team, und jeder weiß, dass ihr das Sagen auf dem Schulhof habt. Die Schwächlinge auf dem Schulhof sind selbst schuld, wenn sie geärgert werden. Andreas Braun geht euch mit seiner ständigen Schleimerei am meisten auf die Nerven. Im Sport ist er auch eine Niete. In einer E-Mail kannst du ihm zeigen, was du von ihm hältst, und ihm endlich mal die Meinung sagen.

E-Mail schreiben

An: A.Braun@Email.de

Betreff: ____________________

____

____

____

____

____

____

____

____

Entwurf speichern | Senden

21 Skript Dialog Anna

Jessica und eine Freundin betreten die Küche, Anna und ein anderes Mädchen sitzen am Küchentisch und machen Hausaufgaben. Jessica und ihre Freundin setzen sich dazu. Annas Mutter arbeitet ebenfalls in der Küche.

Jessica:	Hey, Leute!
Alle:	Hallo!
Jessica:	Hey, Anna!
Anna:	Hey, Jessica!
Jessica:	Anna, du bist ne Schlampe! Paul Fischer hat gesagt, ihr habt geknutscht. Jeder weiß es. Er hat gesagt, dein Atem stinkt nach Müll. Er hat fast gekotzt. Du bist das verzweifeltste Mädchen der Welt, außer deiner Mutter. Wie viele Männer hat sie überhaupt? Viele? Mit der Schminke siehst du aus wie ein Clown. Der Pickel ist ja riesig! Pickelgesicht! Hässlich!

Anna und die beiden anderen sagen die ganze Zeit über nichts, gucken sich manchmal nur stumm an oder beschämt auf den Tisch. Annas Mutter schaut entsetzt herüber, als über sie gesprochen wird.

22 Pinnwandgezwitscher

Pinnwandgezwitscher

Senden

Senden

Senden

Senden

Senden

Anhang

5

Wir möchten danken

An dieser Stelle möchten wir uns bei all denjenigen bedanken, die die Entstehung dieses Buches ermöglicht haben. Das sind vor allem unsere Studentinnen und Studenten, die im Rahmen unserer Lehrveranstaltungen Übungen und zugehöriges Material zum Thema Cybermobbing konzeptuell entwickelt und praktisch getestet haben. Das sind aber auch Student/innen und Kolleg/innen, die an unserer Forschung zum Thema Cybermobbing beteiligt waren. Darüber hinaus gibt es noch weitere Personen und Institutionen, denen wir aus verschiedensten Gründen danken möchten.

- Für die Suche nach Trainingsmaterialien zum Thema Cybermobbing und die Erstellung erster Übungen im Wintersemester 2008/2009 und im Sommersemester 2009 danken wir Anna Krause, Ana Planinc, Katrin Schmachtenberg, Yvonne Schneider und Sina Urbasik.
- Für die Erstellung des gelungenen Films »Cybermobbing gegen Max« und einiger Übungen, beispielsweise »Tagebucheintrag« und »Gedanken und Gefühle«, im Wintersemester 2009/2010 danken wir Milena Dally, Jasmin Hettinger, Nina Löwen, Luisa Münsterkötter, Verena Pflüger und Julia Raddatz.
- Für den Titel unseres Trainings »Surf-Fair« und die Erstellung einiger Übungen, beispielsweise »Mini-Theater« und »Klassenvertrag«, im Wintersemester 2009/2010 und im Sommersemester 2010 danken wir Frauke Beck, Johanna Börschel, Philipp Hintze, Irina Kaltwasser, Lena Päuler und Johanna Roth.
- Für die konzeptuelle und praktische Arbeit an Übungen zum Rollenverhalten im Sommersemester 2010 danken wir Maike Bauer, Christian Brosius, Johanna Coßmann, Christina Erkeling, Jennifer Gerling, Mareike Kehl, Sabine Sommer, Carolin Unland und Matthias Warmbt.
- Für die Entwicklung der Übungen »Einfach zuschauen?« und »Alles nur Spaß?« im Wintersemester 2010/2011 danken wir Julia Erdmann, Janna Gerdes, Katrin Jacobs, Tobias Kahl, Rahel Klockenbusch, Laura Martin, Stefanie Nordenbrock, Jelka Schillmöller und Katharina Miriam Seiler.
- Für die aktive Mitarbeit in unserer Forschung zum Thema Cybermobbing im Rahmen von (teils laufenden) Qualifizierungsarbeiten danken wir Maike Bauer, Helge Christofzik, Sandra Feldhaus, Tobias Kahl, Rahel Klockenbusch, Henrika Lenz, Stefanie Nordenbrock, Leonie Stauf und Sina Urbasik. Besonderer Dank gilt hierbei Sina Urbasik für die Übertragung der Übung »Ballast« auf das Thema Cybermobbing und die systematische Evaluation von »Surf-Fair«.

- Für die tatkräftige und vielfältige Unterstützung unserer Lehre, Forschung und dieses Buches danken wir unseren studentischen Hilfskräften und Tutoren, namentlich Frauke Beck, Simon Fegers, Christopher Hohage, Delia Kämmerer, Svenja Mersch, Verena Pflüger und Leonie Stauf. Besonderer Dank gilt dabei Christopher Hohage für die umfangreiche Mithilfe rund um die Gestaltung des gelungenen Films »Cybermobbing gegen Max« und Verena Pflüger für die Hilfe bei der Zusammenstellung der Übungsmaterialien und Erstellung von Abbildungen für dieses Buch.
- Für die Unterstützung bei der Evaluation von »Surf-Fair« und für Rückmeldungen zu »Surf-Fair« durch Schüler/innen, Eltern, Lehrer/innen, Pädagogen und Schulsozialpädagogen danken wir allen Schulen, in denen wir »Surf-Fair« schon durchgeführt haben.
- Für die zahlreichen und hilfreichen Hinweise zu diesem Buch danken wir Sefi und Lothar Pieschl, Dr. Raphaela Porsch und Heike Schoen.
- Für die Unterstützung bei einer Abbildung bedanken wir uns bei Katharina Lotz-Schmitt.
- Für die Unterstützung, Entlastung und Beratung zu unserer Arbeit bis hin zur Gestaltung eines Geleitwortes danken wir Prof. Dr. Rainer Bromme.

Literatur

Ang, R. P./**Goh**, D. H. (2010): Cyberbullying among adolescents: The role of affective and cognitive empathy, and gender. In: Child Psychiatry and Human Development 41, S. 387–397.

Aricak, T./**Siyahhan**, S./**Unzunhasanoglu**, A./**Saribeyoglu**, S./**Ciplak**, S./**Yilmas**, N./**Memmedov**, C. (2008): Cyberbullying among Turkish adolescents. In: CyberPsychology & Behavior 11, H. 3, S. 253–261.

Baake, D. (1996): Medienkompetenz als Entwicklungs-Chance. In: Medien und Erziehung 96, H. 4, S. 202–203.

Bortz, J./**Döring**, N. (2002): Forschungsmethoden und Evaluation für Human- und Sozialwissenschaftler. 3. Auflage. Berlin: Springer.

Calvete, E./**Orue**, I./**Estévez**, A./**Villardón**, L./**Padilla**, P. (2010): Cyberbullying in adolescents: Modalities and aggressors' profile. In: Computers in Human Behavior 26, S. 1128–1135.

Campbell, M. A. (2005): Cyber bullying: An old problem in a new guise? In: Australian Journal of Guidance and Counselling 15, H. 1, S. 68–76.

Campbell, M. (2007): Cyber bullying and young people: Treatment principles not simplistic advice. http:\\eprints.qut.edu.au/14903/1/14903.pdf (Abruf am 30.4.2011).

Cognition and Technology Group at Vanderbilt (1992): The Jasper Series as an example of anchored instruction: Theory, program description, and assessment data. In: Educational Psychologist, 27, H. 3, S. 291–315.

Dambach, K. E. (2011): Wenn Schüler im Internet mobben. Präventions- und Interventionsstrategien gegen Cyber-Bullying. München: Reinhardt.

Dehue, F./**Bolman**, C./**Völlink**, T. (2008): Cyberbullying: Youngsters' experiences and parental perception. In: CyberPsychology & Behavior 11, H. 2, S. 217–223.

Diamanduros, T./**Downs**, E./**Jenkins**, S. J. (2008): The role of school psychologists in the assessment, prevention, and intervention of cyberbullying. In: Psychology in the Schools 45, H. 8, S. 693–704.

Dooley, J. J./**Pyżalski**, J./**Cross**, D. (2009): Cyberbullying versus face-to-face bullying. A theoretical and conceptual review. In: Journal of Psychology 217, H. 4, S. 182–188.

Erdur-Baker, Ö. (2010): Cyberbullying and its correlation to traditional bullying, gender and frequent and risky usage of internet-mediated communication tools. In: New Media & Society 12, H. 1, S. 109–125.

Fawzi, N. (2009): Cyber-Mobbing: Ursachen und Auswirkungen von Mobbing im Internet. Baden-Baden: Nomos.

Finkelhor, D./**Mitchell**, K. J./**Wolak**, J. (2000): Online Victimization: A Report on the Nation's Youth. National center for missing & exploited children. http://www.missingkids.com/en_US/publications/NC62.pdf (Abruf am 30.4.2011).

Gradinger, P./**Strohmeier**, D./**Spiel**, C. (2009): Traditional bullying and cyberbullying: Identification of risk groups for adjustment problems. In: Journal of Psychology 217, H. 4, S. 205–213.

Haynie, D. L./**Nansel**, T./**Eitel**, P./**Crump**, A. D./**Saylor**, K./**Yu**, K./**Simons-Morton**, B. (2001): Bullies, victims, and bully/victims: Distinct groups of at-risk youth. In: The Journal of Early Adolescence 21, H. 1, S. 29–49.

Hinduja, S./**Patchin**, J. W. (2007): Offline consequences of online victimization: School violence and delinquency. In: Journal of School Violence 6, H. 3, S. 89–112.

Hinduja, S./**Patchin**, J. (2008): Cyberbullying: An exploratory analysis of factors related to offending and victimization. In: Deviant Behavior 29, H. 2, S. 1–29.

Hinduja, S./**Patchin**, J. W. (2010): Bullying, cyberbullying, and suicide. In: Archives of Suicide Research 14, S. 206–221.

Huang, Y./**Chou**, C. (2010): An analysis of multiple factors of cyberbullying among junior high school students in Taiwan. In: Computers in Human Behavior 26, S. 1581–1590.
Jäger, R./**Fischer**, U./**Riebel**, J. (2007): Mobbing bei Schülerinnen und Schülern in der Bundesrepublik Deutschland. Eine empirische Untersuchung auf der Grundlage einer Online-Befragung. In: http://zepf.uni-landau.de/index.php?id=280&type=1&no_cache=1&file= 840&uid=340 (Abruf am 30.4.2011).
Jäger, R./**Riebel**, J. (2009): Mobbing bei Schülerinnen und Schülern in der Bundesrepublik Deutschland. Eine empirische Untersuchung auf der Grundlage einer Online-Befragung im Jahre 2009. In: http://www.zepf.uni-landau.de/index.php?id=280&type=1&no_cache=1&file= 1017&uid=340 (Abruf am 30. 4.2011).
Katzer, C. (2009): Cyberbullying in Germany: What has been done and what is going on. In: Special Issue of Journal of Psychology 217, H. 4, S. 222–223.
Katzer, C./**Fetchenhauer**, D. (2007): Cyberbullying: Aggression und sexuelle Viktimisierung in Chatrooms. In: Gollwitzer, M./**Pfetsch**, J./**Schneider**, V./**Schulz**, A./**Steffke**, T./ **Ulrich**, C. (Hrsg.): Gewaltprävention bei Kindern und Jugendlichen. Aktuelle Erkenntnisse aus Forschung und Praxis. Göttingen: Hogrefe.
Katzer, C./**Fetchenhauer**, D./**Belschak**, F. (2009a): Cyberbullying: Who are the victims? A comparison of victimization in internet chatrooms and victimization in school. In: Journal of Media Psychology: Theories, Methods, and Applications 21, H. 1, S. 25–36.
Katzer, C./**Fetchenhauer**, D./**Belschak**, F. (2009b): Cyberbullying in Internet-chatrooms – Wer sind die Täter? Ein Vergleich von Bullying in Internet-chatrooms mit Bullying in der Schule aus der Täterperspektive. In: Zeitschrift für Entwicklungspsychologie und Pädagogische Psychologie 41, H. 1, S. 33–44.
Keith, S./**Martin**, M.E. (2005): Cyber-bullying: Creating a culture of respect in a cyber world. In: Children and Youth 13, S. 224–228.
Klomek, A./**Sourander**, A./**Gould**, M. (2010): The association of suicide and bullying in childhood to young adulthood: A review of cross-sectional and longitudinal research findings. In: The Canadian Journal of Psychiatry 55, H. 5, S. 282–288.
Li, Q. (2006): Cyberbullying in Schools. A Research of Gender Differences. In: School Psychology International 27, H. 2, S. 157–170.
Mason, K.L. (2008): Cyberbullying: A preliminary assessment for school personnel. In: Psychology in the Schools 45, H. 4, S. 323–348.
Medienpädagogischer Forschungsverbund Südwest (2010): JIM-Studie 2010. Jugend, Information, (Multi-)Media. Basisstudie zum Medienumgang 12- bis 19-Jähriger in Deutschland. Stuttgart.
Menesini, E./**Nocentini**, A. (2009): Cyberbullying definition and measurement: Some critical considerations. In: Journal of Psychology 217, H. 4, S. 230–232.
Merrell, K.W./**Isava**, D.M./**Gueldner**, B.A.,/**Ross**, S.W. (2008): How effective are school bullying intervention programs? A meta-analysis of intervention research. In: School Psychology Quarterly 23, H. 1, S. 26–42.
Mesch, G.S. (2009): Parental mediation, online activities, and cyberbullying. In: CyberPsychology & Behavior 12, S. 387–393.
Ortega, R./**Elipe**, P./**Mora-Merchán**, J.A./**Calmaestra**, J./**Vega**, E. (2009): The emotional impact on victims of traditional bullying and cyberbullying. In: Journal of Psychology 217, H. 4, S. 197–204.
Patchin, J.W./**Hinduja**, S. (2006): Bullies move beyond the schoolyard. A preliminary look at cyberbullying. In: Youth Violence and Juvenile Justice 4, H. 2, S. 148–169.
Pieschl, S. (2010): SurFair – Programm zur Prävention von Cyberbullying der WWU Münster. Vortrag auf dem Fachtag »Cybermobbing«, Münster.
Pieschl, S./**Urbasik**, S. (eingereicht): Do self-reports of cyberbullying validly reflect cyberbullying?
Porsch, T. (2010): Was haben wir mit Cyberbullying zu tun? Eine Untersuchung mit SchülerInnen im Münsterland. Vortrag auf dem Fachtag »Cybermobbing«, Münster.

Raskauskas, J./**Stoltz**, A. D. (2007): Involvement in traditional and electronic bullying among adolescents. In: Developmental Psychology 43, H. 3, S. 564–575.

Reid, P./**Monsen**, J./**Rives**, I. (2004): Psychology's Contribution to Understanding and Managing Bullying within Schools. In: Educational Psychology in Practice 20, H. 3, S. 241–258.

Riebel, J. (2008): Spotten, Schimpfen, Schlagen ...: Gewalt unter Schülern – Bullying und Cyberbullying. Landau: Verlag Empirische Pädagogik.

Riebel, J./**Jäger**, R. S./**Fischer**, U. C. (2009): Cyberbullying in Germany – An exploration of prevalence, overlapping with real life bullying and coping strategies. In: Psychology Science 51, H. 3, S. 298–314.

Salmivalli, C. (1999): Participant role approach to school bullying: Implications for intervention. In: Journal of Adolescence 22, H. 4, S. 453–459.

Schäfer, M./**Korn**, S. (2004): Bullying als Gruppenphänomen. In: Zeitschrift für Entwicklungspsychologie und Pädagogische Psychologie 36, H. 1, S. 19–29.

Scheithauer, H./**Hayer**, T./**Bull**, H. D. (2007): Gewalt an Schulen am Beispiel von Bullying. Aktuelle Aspekte eines populären Themas. In: Zeitschrift für Sozialpsychologie 38, H. 3, S. 141–152.

Schultze-Krumbholz, A./**Scheithauer**, H. (2009): Social-behavioral correlates of cyberbullying in a German student sample. In: Journal of Psychology 217, H. 4, S. 224–226.

Ševčíková, A./**Šmahel**, D. (2009): Online harassment and cyberbullying in the Czech Republic: Comparison across age groups. In: Journal of Psychology 217, H. 4, S. 227–229.

Shariff, S. (2008): Cyber-bullying: Issues and Solutions for the School, the Classroom and the Home. London: Routledge.

Shell Deutschland Holding (2010): Jugend 2010. Eine pragmatische Generation behauptet sich. Hamburg: Fischer Taschenbuch Verlag.

Slonje, R./**Smith**, P. K. (2008): Cyberbullying: Another main type of bullying? In: Scandinavian Journal of Psychology 49, H. 2, S. 147–154.

Smith, P. K./**Mahdavi**, J./**Carvalho**, M./**Fisher**, S./**Russel**, S./**Tippett**, N. (2008): Cyber-bullying, its forms and impact in secondary school pupils. In: Journal of Child Psychology and Psychiatry 49, H. 4, S. 376–385.

Snakenborg, J./**van Acker**, R./**Gable**, R. A. (2011): Cyberbullying: Prevention and intervention to protect our children and youth. In: Preventing school failure: Alternative Education for Children and Youth 55, H. 2, S. 88–95.

Sourander, A./**Brunstein Klomek**, A./**Ikonen**, M./**Lindroos**, J./**Luntamo**, T./**Oskelainen**, M./**Ristkari**, T./**Helenius**, H. (2010): Psychosocial risk factors associated with cyberbullying among adolescents. In: Archives of General Psychiatry 67, H. 7, S. 720–728.

Spears, B./**Slee**, P./**Owens**, L./**Johnson**, B. (2009): Behind the scenes and screens. Insights into the human dimension of covert and cyberbullying. In: Journal of Psychology 217, H. 4, S. 189–196.

Staude-Müller, F./**Bliesener**, T./**Nowak**, N. (2009): Cyberbullying und Opfererfahrungen von Kindern und Jugendlichen im Web 2.0. In: Kinder- und Jugendschutz in Wissenschaft und Praxis 2, S. 42–47.

Techniker Krankenkasse (2011): Meinungspuls Gesundheit. Forsa-Kurzerhebung »Cyberbullying«.

Tokunaga, R. S. (2010): Following you home from school: A critical review and synthesis of research on cyberbullying victimization. In: Computers in Human Behavior 26, S. 277–287.

Urbasik, S. (2010): »Es war nicht fair, aber lustig«. Cyberbullying vor und nach einer Präventionsmaßnahme. Unveröffentlichte Diplomarbeit, Westfälische Wilhelms-Universität Münster.

Urbasik, S./**Pieschl**, S. (2010): Protective factors that reduce or prevent cyberbullying. Vortrag bei dem 47. Kongress der Deutschen Gesellschaft für Psychologie, Bremen, Deutschland.

Utsumi, S. (2010): Cyberbullying among middle-school students: Association with children's perception of parental control and relational aggression. In: Japanese Journal of Educational Psychology 58, H. 1, S. 12–22.

Vandebosch, H./**Van Cleemput,** K. (2009): Cyberbullying among youngsters: prevalence and profile of bullies and victims. In: New Media & Society 11, H. 8, S. 21–23.

Veenstra, R./**Lindenberg,** S./**Oldehinkel,** A. J./**De Winter,** A. F./**Verhulst,** F. C./**Ormel,** J. (2005): Bullying and victimization in elementary schools: A comparison of bullies, victims, bully/victims, and uninvolved preadolescents. Developmental Psychology 41, S. 672–682.

Volkmer, T./**Singer,** M. (2007): Tatort Internet. München: Markt und Technik Verlag.

Willard, N. E. (2007): Cyberbullying and cyberthreats. Responding to the challenge of online social aggression, threats, and distress. Champaign, IL: Research press.

Wong-Lo, M./**Bullock,** L. M. (2011): Digital Aggression: Cyberworld Meets School Bullies. In: Preventing school failure: Alternative Education for Children and Youth 55, H. 2, S. 64–70.

Ybarra, M. L. (2004). Linkages between depressive symptomatology and internet harassment among young regular internet users. Cyberpsychology & Behavior 7, H. 2, S. 247–257.

Ybarra, M./**Mitchell,** K. (2004): Online aggressor/targets, aggressors, and target: A comparison of associated youth characteristics. In: The Journal of Child Psychology and Psychiatry 45, H. 7, S. 1308–1316.

Zapf, D. (1999): Mobbing in Organisationen – Überblick zum Stand der Forschung. In: Zeitschrift für Arbeits- und Organisationspsychologie 43, S. 1–25.

Wirksame Prävention und Intervention

Mustafa Jannan
Das Anti-Mobbing-Buch
Gewalt an der Schule – vorbeugen, erkennen, handeln
3. Aufl. 2010. 202 Seiten. Broschiert
ISBN 978-3-407-62678-3

Mobbing und Cyber-Mobbing sind zu ernsten und nahezu alltäglichen Problemen an unseren Schulen geworden. Doch Lehrer/innen können etwas dagegen tun – schnell und nachhaltig. Dieses Buch zeigt, wie man Mobbing erkennt und dagegen vorgehen kann.

Der Autor stellt die verschiedenen Ansätze zur Bekämpfung von Mobbing und Gewalt vor. Die einzelnen Maßnahmen können miteinander kombiniert und so an die konkrete Situation vor Ort angepasst werden. Zahlreiche Übungen und Kopiervorlagen – auch als Download im Internet – erleichtern die Umsetzung im Schulalltag.

Aus dem Inhalt:

- Maßnahmen auf Schul-, Klassen- und persönlicher Ebene, jeweils mit Fahrplan und Checkliste
- Methoden und Übungen, z.B. zum Umgang mit Grenzen und Konflikten und zur Sozialkompetenz
- Schulische Gesamtkonzepte gegen Mobbing und Gewalt

Die beiliegende Elternbroschüre erklärt klar und strukturiert, wie Lehrer/innen gemeinsam mit Eltern – und auch den betroffenen Schüler/innen selbst – gegen Mobbing vorgehen können.

»Ein weiterer Mobbing-Fall hat durch Ihre Methode nach acht Tagen ein Ende gefunden. Einfach genial!«

»Ich kann nichts mit einem Anti-Mobbing-Ansatz anfangen, der mich zeitlich überfordert. Ihr Konzept ist eines, das ich als Lehrer ohne besondere Hilfsmittel und ohne dramatischen Zusatzaufwand schaffen kann.«
aus Rückmeldungen an den Autor

Mustafa Jannan
Gewaltprävention an Schulen
Planen – umsetzen – verankern
2012, ca. 140 Seiten. Broschiert
ISBN 978-3-407-62800-8

Gewalt ist ein Problem, dem sich Schulen vermehrt stellen müssen, und entsprechend groß ist das Angebot an Programmen im Bereich der Gewaltprävention. Aber nicht nur die Auswahl eines geeigneten Programms stellt für Schulen eine große Herausforderung dar, auch die Frage, wie man die Problematik im Schulalltag so angehen kann, dass mit vertretbarem Aufwand nachhaltige Erfolge erzielt werden, ist nicht einfach zu beantworten.

Hier setzt das vorliegende Buch an, denn es bietet Schulen – unabhängig von der Wahl eines bestimmten Präventionsprogramms – einen strukturierten Ablauf und Materialien, mit denen sie in die Präventionsarbeit einsteigen und diese nachhaltig implementieren können. Dieser Ansatz lässt sich rasch und konkret im Schulalltag umsetzen und hat sich in der Praxis schon vielfach bewährt.

Mustafa Jannan
Das Anti-Mobbing-Elternheft
Schüler als Mobbing-Opfer – Was Ihrem Kind wirklich hilft
2. Aufl. 2010, 32 Seiten. Geheftet
ISBN 978-3-407-62721-6

Das »Anti-Mobbing-Elternheft« liegt dem »Anti-Mobbing-Buch« bei, ist aber auch separat erhältlich.

»Jannan erklärt, woran Eltern Mobbing erkennen und wie sie ihr Kind wirklich unterstützen. Kompakt, anschaulich, gut verständlich.«
Focus Schule

BELTZ

Beltz Verlag · Weinheim und Basel · Weitere Infos und Ladenpreis: www.beltz.de

Gutes Klima, gutes Lernen

In der Klassenratsstunde gestalten Schüler Unterricht und Schulleben aktiv mit. Dieses Praxisbuch enthält alles, was Lehrer/innen zur Durchführung des Klassenrats brauchen:

- Hintergrundwissen
- Tipps für die praktische Umsetzung
- Zahlreiche altersdifferenzierte Kopiervorlagen für die 2. bis 10. Klasse (auch als Download im Internet)

2009. 144 Seiten. Broschiert.
€ 16,95 D
ISBN 978-3-407-62640-0

Dieses Methoden-Magazin zeigt, welche atmosphärischen Bedingungen im Klassenzimmer das Lernen erleichtern und wie Lehrer und Schüler gemeinsam ein solches lernförderliches Klima erzeugen können. Wie immer mit vielen Unterrichtsideen und Kopiervorlagen.

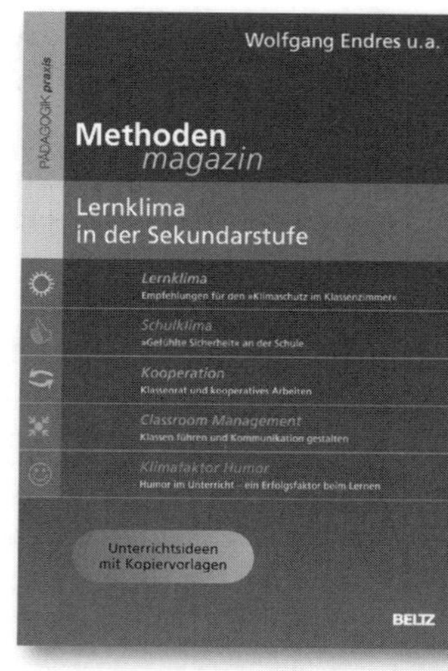

2010. 127 Seiten. Broschiert.
€ 19,95 D
ISBN 978-3-407-62728-5

Dieses Präventionsprogramm befasst sich mit bedrohlichen Entwicklungen wie Mobbing, Sucht, School Shooting, Suizid. Es unterstützt Lehrkräfte, die Entstehung dieser Entwicklungen rechtzeitig zu erkennen, zu bewerten und mit erprobten Strategien gegenzusteuern. Das wird möglich durch den Aufbau eines Netzwerkes, das Lehrer/innen nicht allein lässt, sondern weitere Experten einbezieht.

2011. 238 Seiten. Broschiert.
€ 29,95 D
ISBN 978-3-407-62746-9

So werden Kinder fit im Umgang mit Konflikten! Dieses in der Praxis erprobte Streitschlichter-Programm enthält sechs vollständig ausgearbeitete Unterrichtseinheiten mit allen Arbeitsblättern als Kopiervorlagen.

Neu: Das Schülerarbeitsheft »Über Streithähne und Streithennen« zum Download – Code im Buch.

3., neu ausgest. Aufl. 2008.
158 Seiten. Broschiert.
€ 24,90 D
ISBN 978-3-407-62628-8

▶ *Leseproben auf*
www.beltz.de

BELTZ